海上絲綢之路基本文獻叢書

萬曆三大征考

〔明〕茅瑞徵 撰

文物出版社

圖書在版編目（CIP）數據

萬曆三大征考 / （明）茅瑞徵撰． -- 北京 ： 文物出版社，2022.6
（海上絲綢之路基本文獻叢書）
ISBN 978-7-5010-7525-6

Ⅰ．①萬… Ⅱ．①茅… Ⅲ．①明代歷史事件－1436-1572 Ⅳ．①K248.305

中國版本圖書館 CIP 數據核字（2022）第 064273 號

海上絲綢之路基本文獻叢書

萬曆三大征考

著　者：〔明〕茅瑞徵
策　划：盛世博閱（北京）文化有限責任公司

封面設計：鞏榮彪
責任編輯：劉永海
責任印製：張　麗

出版發行：文物出版社
社　址：北京市東城區東直門内北小街 2 號樓
郵　編：100007
網　址：http://www.wenwu.com
郵　箱：web@wenwu.com
經　銷：新華書店
印　刷：北京旺都印務有限公司
開　本：787mm×1092mm　1/16
印　張：13.375
版　次：2022 年 6 月第 1 版
印　次：2022 年 6 月第 1 次印刷
書　號：ISBN 978-7-5010-7525-6
定　價：98.00 圓

總緒

海上絲綢之路，一般意義上是指從秦漢至鴉片戰争前中國與世界進行政治、經濟、文化交流的海上通道，主要分爲經由黄海、東海的海路最終抵達日本列島及朝鮮半島的東海航綫和以徐聞、合浦、廣州、泉州爲起點通往東南亞及印度洋地區的南海航綫。

在中國古代文獻中，最早、最詳細記載『海上絲綢之路』航綫的是東漢班固的《漢書·地理志》，詳細記載了西漢黄門譯長率領應募者入海『齎黄金雜繒而往』之事，書中所出現的地理記載與東南亞地區相關，并與實際的地理狀況基本相符。

東漢後，中國進入魏晉南北朝長達三百多年的分裂割據時期，絲路上的交往也走向低谷。這一時期的絲路交往，以法顯的西行最爲著名。法顯作爲從陸路西行到印度，再由海路回國的第一人，根據親身經歷所寫的《佛國記》（又稱《法顯傳》）一書，詳細介紹了古代中亞和印度、巴基斯坦、斯里蘭卡等地的歷史及風土人情，是瞭解和研究海陸絲綢之路的珍貴歷史資料。

隨着隋唐的統一，中國經濟重心的南移，中國與西方交通以海路爲主，海上絲綢之路進入大發展時期。廣州成爲唐朝最大的海外貿易中心，朝廷設立市舶司，專門管理海外貿易。唐代著名的地理學家賈耽（七三〇～八〇五年）的《皇華四達記》記載了從廣州通往阿拉伯地區的海上交通『廣州通夷道』，詳述了從廣州港出發，經越南、馬來半島、蘇門答臘半島至印度、錫蘭，直至波斯灣沿岸各國的航綫及沿途地區的方位、名稱、島礁、山川、民俗等。譯經大師義净西行求法，將沿途見聞寫成著作《大唐西域求法高僧傳》，詳細記載了海上絲綢之路的發展變化，是我們瞭解絲綢之路不可多得的第一手資料。

宋代的造船技術和航海技術顯著提高，指南針廣泛應用於航海，中國商船的遠航能力大大提升。北宋徐兢的《宣和奉使高麗圖經》詳細記述了船舶製造、海洋地理和往來航綫，是研究宋代海外交通史、中朝友好關係史、中朝經濟文化交流史的重要文獻。南宋趙汝適《諸蕃志》記載，南海有五十三個國家和地區與南宋通商貿易，形成了通往日本、高麗、東南亞、印度、波斯、阿拉伯等地的『海上絲綢之路』。宋代爲了加强商貿往來，於北宋神宗元豐三年（一〇八〇年）頒佈了中國歷史上第一部海洋貿易管理條例《廣州市舶條法》，并稱爲宋代貿易管理的制度範本。

元朝在經濟上採用重商主義政策，鼓勵海外貿易，中國與歐洲的聯繫與交往非常頻繁，其中馬可·波羅、伊本·白圖泰等歐洲旅行家來到中國，留下了大量的旅行記，記録元代海上絲綢之路的盛況。元代的汪大淵兩次出海，撰寫出《島夷志略》一書，記録了二百多個國名和地名，其中不少首次見於中國著録，涉及的地理範圍東至菲律賓群島，西至非洲。這些都反映了元朝時中西經濟文化交流的豐富内容。

明、清政府先後多次實施海禁政策，海上絲綢之路的貿易逐漸衰落。但是從明永樂三年至明宣德八年的二十八年裏，鄭和率船隊七下西洋，先後到達的國家多達三十多個，在進行經貿交流的同時，也極大地促進了中外文化的交流，這些都詳見於《西洋蕃國志》《星槎勝覽》《瀛涯勝覽》等典籍中。

關於海上絲綢之路的文獻記述，除上述官員、學者、求法或傳教高僧以及旅行者的著作外，自《漢書》之後，歷代正史大都列有《地理志》《四夷傳》《西域傳》《外國傳》《蠻夷傳》《屬國傳》等篇章，加上唐宋以來衆多的典制類文獻、地方史志文獻，集中反映了歷代王朝對於周邊部族、政權以及西方世界的認識，都是關於海上絲綢之路的原始史料性文獻。

海上絲綢之路概念的形成，經歷了一個演變的過程。十九世紀七十年代德國地理學家費迪南・馮・李希霍芬（Ferdinad Von Richthofen，一八三三～一九〇五），在其《中國：親身旅行和研究成果》第三卷中首次把輸出中國絲綢的東西陸路稱爲『絲綢之路』。有『歐洲漢學泰斗』之稱的法國漢學家沙畹（Édouard Chavannes，一八六五～一九一八），在其一九〇三年著作的《西突厥史料》中提出『絲路有海陸兩道』，蘊涵了海上絲綢之路最初提法。迄今發現最早正式提出『海上絲綢之路』一詞的是日本考古學家三杉隆敏，他在一九六七年出版《中國瓷器之旅：探索海上的絲綢之路》中首次使用『海上絲綢之路』一詞；一九七九年三杉隆敏又出版了《海上絲綢之路》一書，其立意和出發點局限在東西方之間的陶瓷貿易與交流史。

二十世紀八十年代以來，在海外交通史研究中，『海上絲綢之路』一詞逐漸成爲中外學術界廣泛接受的概念。根據姚楠等人研究，饒宗頤先生是華人中最早提出『海上絲綢之路』的人，他的《海道之絲路與昆侖舶》正式提出『海上絲路』的稱謂。選堂先生評價海上絲綢之路是外交、貿易和文化交流作用的通道。此後，大陸學者馮蔚然在一九七八年編寫的《航運史話》中，使用『海上絲綢之路』一詞，這是迄今學界查到的中國大陸最早使用『海上絲綢之路』的人，更多地限於航海活動領域的考察。一九八〇年北京大學陳炎教授提出『海上絲綢之路』研究，并於一九八一年發表《略論海上絲綢之路》一文。他對海上絲綢之路的理解超越以往，且帶有濃厚的愛國主義思想。陳炎教授之後，從事研究海上絲綢之路的學者越來越多，尤其沿海港口城市向聯合國申請海上絲綢之路非物質文化遺産活動，將海上絲綢之路研究推向新高潮。另外，國家把建設『絲綢之路經濟帶』和『二十一世紀海上絲綢之路』作爲對外發展方針，將這一學術課題提升爲國家願景的高度，使海上絲綢之路形成超越學術進入政經層面的熱潮。

與海上絲綢之路學的萬千氣象相對應，海上絲綢之路文獻的整理工作仍顯滯後，遠遠跟不上突飛猛進的研究進展。二〇一八年厦門大學、中山大學等單位聯合發起『海上絲綢之路文獻集成』專案，尚在醞釀當中。我們不揣淺陋，深入調查，廣泛搜集，將有關海上絲綢之路的原始史料文獻和研究文獻，分爲風俗物産、雜史筆記、海防海事、典章檔案等六個類別，彙編成《海上絲綢之路歷史文化叢書》，於二〇二〇年影印出版。此輯面市以來，深受各大圖書館及相關研究者好評。爲讓更多的讀者親近古籍文獻，我們遴選出前編中的菁華，彙編成《海上絲綢之路基本文獻叢書》，以單行本影印出版，以饗讀者，以期爲讀者展現出一幅幅中外經濟文化交流的精美畫卷，爲海上絲綢之路的研究提供歷史借鑒，爲『二十一世紀海上絲綢之路』倡議構想的實踐做好歷史的詮釋和注脚，從而達到『以史爲鑒』『古爲今用』的目的。

凡例

一、本編注重史料的珍稀性，從《海上絲綢之路歷史文化叢書》中遴選出菁華，擬出版百册單行本。

二、本編所選之文獻，其編纂的年代下限至一九四九年。

三、本編排序無嚴格定式，所選之文獻篇幅以二百餘頁爲宜，以便讀者閱讀使用。

四、本編所選文獻，每種前皆注明版本、著者。

五、本編文獻皆爲影印，原始文本掃描之後經過修復處理，仍存原式，少數文獻由於原始底本欠佳，略有模糊之處，不影響閱讀使用。

六、本編原始底本非一時一地之出版物，原書裝幀、開本多有不同，本書彙編之後，統一爲十六開右翻本。

目録

萬曆三大征考

萬曆三大征考

不分卷

〔明〕茅瑞徵 撰

明天啓刻本

萬曆三大征考

倂附各圖

合東夷攷畧

西夏哱承恩

日本平秀吉

播州楊應龍

附劉都督傳

流花居藏板

有計議可錄籍

暇可即攬入时

書東平閣答夫

以留緣

三大征攷序

在昔銓次武功惟韓退之淮西一碑最稱簡嚴其摹畫功罪本末既槩如列眉而下語亦具有鑒裁千古定屬椽筆乃以歸美晉公失貴戚意至經磨泐蓋揚搉若斯

之難也
神宗皇帝在宥四十有八載武
功維競而哱播朝鮮三大役特著
霆激電熠於今為烈矣余嘗閱兩
朝平攘錄頗類稗乘小說摭拾多
不雅馴已得瞿待詔武功錄讀之

所述哱播情事似屬詳盡而鋪
張閭涉危蔓不無迋合朝鮮一
案直縮手祖龍遺熖鈌焉不備往
歲歸舟偶挈有本兵稿略囙出次
第叅訂儹爲刪輯旋已久置廢簏
頃

龍馭上賓方開史局編摹自念證
據武功適余舊業而以屏居荒
野不獲從諸大夫鼓吹休明聊復
點竄前帙奉揚
先帝鴻猷萬一所媿材捐謭劣無
能與韓退之為役而摛藻金石又

敢妄希段文昌唯是勉効摹畫布
昭
聖武庶令窮厥不逞心寒膽落而
借鑒正功罪稍鼓行間之氣其亦
揚搉微意也夫旹
天啟辛酉初夏清遠居士題

萬曆三大征考目

茗上愚公撰次

播州圖

附

劉將軍傳

哱氏

始

神廟在御久邊遽晏如自西夏叛卒發難繼以倭
繼以播州海内蕭然煩費稍苦兵矣而兵端自哱
氏父子哱拜胡人也嘉靖中亡抵朔方驍勇屢立
功隆慶二年八月擊虜山後大青山斬其首總督
侍郎王崇古叙　賜金明年搗虜花馬池陞歷都
指揮使萬曆五年以遊擊統標下二營家丁千餘
請得專勅鈐束總督侍郎石茂華巡撫都御史羅

虜中呼王
下爲台吉

鳳翔以聞報可於是拜始壇一軍十年授叅將一
切標兵隸拜麾下矣當是時寧鎮於淸水中衛平
虜並通貢市套虜切盡黃台吉着力兎打正各台
吉并松虜賓兎台吉等入市夷二十八枝會撫夷
遊擊鄭賜殺巡撫都御史梁問孟以指揮土文秀
父本降胡驍暢邊事咨陞守備恊撫時十四年丙
戌十月也後三年己丑巡撫梁問孟請加拜副總
兵休致子承恩襲益慓悍沿邊皆慴伏之後二年
辛卯洮河告急

哱亂萌出
折

上特遣司寺及科臣巡九邊邊各一人毋拘以期
時尚寶丞周弘禴兼御史往寧夏舉承恩土文秀
并拜義子千總哱雲等項之党馨為巡撫都御史
拜雖請老乎居恒多蓄蒼頭軍聲報　國承恩自
調赴青海還心輕邊卒孱弱益翹喜自負而撫臣
馨毋加裁抑且欲覈青海虛糧以此怨次骨會哱
雲文秀亦怨馨以常許咨雲守備渝約而文秀遷
遊擊弗優禮故也馨御將卒嚴刻銖兩之奸繩以
軍法衆亦不附明年壬辰二月鎮戍請冬衣布花

參看一處

及月糧未給拜承恩遂乘閧激衆作亂推軍鋒劉東暘爲會長劉東暘者靖虜衛人狂易有異志而總兵張維忠向鮮威望爲衆積輕十八日東暘糾黨晨入帥府白事維忠驚悸不能彈壓衆遂露刃突執河西副使石繼芳擁焚軍門都御史黨馨急匿水洞大索竟劫至書院同繼芳僇之並合許朝何應時等遂縱焚公署收印符釋囚畧城中聽拜主謀劫總兵張維忠以扣餉激變報是時河東僉事隨府通政穆來輔適並抵鎮併劫請招安以緩師

筛合哱雲文秀

二十日總督尚書魏學曾行部花馬池聞敬遣標下張雲部寵諭降二十三日哱雲土文秀統兵五百至自中衛互市承恩見遊擊梁琦守備馬承光竝至心疑之嗾雲文秀殺兩人迎入城計事二十五日索勑印維忠與之縊東賜遂於翌日葅總兵任聽拜主謀據城刑馬牛盟僞授承恩許朝左右副總兵土文秀哱雲左右叅將因挾　慶王代請貰罪承恩乃勒兵分遣王虎何安等據城堡會張雲等至東賜曰必欲我降請授我總兵許朝等副

全倚虜爲重

參將備寧夏不者與虜馳潼關也承恩徇玉泉營遊擊傅桓拒守爲千戶陳繼武執就縶巳徇中衞徇廣武參將熊國臣等弃城匿河西望風靡惟土文秀徇平虜參將蕭如薰堅守不下逆黨王虎等隨畧鳴沙州將趨河東全陝震動先是總督檄副總兵李昫攝總兵進勦乃於三月四日統遊擊吳顯趨靈州別遣遊擊趙武趨鳴沙州張奇兵沿河扼賊南渡總督駐下馬關徵調以副使楊時寧監軍攝兩河道務參政顧其志督餉時靈州有都司

李昫至靈州甫遂堅守

吳世顯黨逆約是月九日陷州參將來保誓死守賊齎書詐門拒郤之李昫聞急與吳顯兼程馳至逆謀始折蕃令靈州失守西事去十七矣翼日進兵横城獲弃城守備張承勳而趙武兵亦至鳴沙州轉戰獲賊于正等八人及舳艫十八艘賊鋒少挫又翼日原任屯田都司蕭韶成陽以脩渠來奔悉賊不軌狀方遣叛人馬世傑奉金帛勾着孛等酋以拒我師當是時榆林蔵明安台吉虜切齒套酋卜失兎傳調東西台吉着力兎莊秃賴等議暫

訥悶那顔新甚虜呼官長爲那顔

姚吉虜妃嬪號

封賊訥悶那顔不令出邊稍俟五六月馬肥大舉訥悶者物宂地似鼠取不安之義也獨切盡姚吉止勿往着力兎啗賊金帛與打正先引衆盜邊而我調延綏蘭靖兵稍集李昫乃分發渡河尅復各營堡廣武僞遊擊張大紀大壩僞守備高天爵俱遁十五日復棗園堡靖虜叅將吳繼祖擣巾衞勒捕王虎來獻石空寺亦下獲僞守備何安二十日於邵剛堡遇虜千餘騎千總汪汝漢三矢殪三虜乃解以次復玉泉營凡先後收復營堡四十七河

此捉虜首功

西唯鎮城爲賊據後三日總督移師小鹽池拜聞
虜且至屬土文秀許朝分馳玉泉廣武迎虜二十
五日着力兎打正等引控弦三千馳金貴堡二十
七日移鎮河堡入屯演武場賊盡括城中子女媚
虜至奉河東西地圖虜聲言已與哱王子爲一家
拜文秀並辮髮胡服糾虜攻玉泉急二十九日哱
雲引着力兎攻平虜堡叅將蕭如薰伏兵南關佯
敗誘虜入伏射雲死併傷號賊吳敖壩虜遁走塞
因掠糧道聲犯花馬池諸虜趙武等駐玉泉營被

抚虜以離其交

初次攻城

著

虜困。總督於四月二日。移師花馬池。因撫切盡妣吉。諭虜無助逆。急檄李昫赴援。圍始解。昫隨與原任總兵牛秉忠督六路兵。於翼日抵鎮城下。是時兵部尚書石星請獎死事梁琦馬承光。誅熊國臣以激忠義。併發帑金二十萬兩犒士。設招降一營。解脅從。而總兵時已擢董一奎。李蕢為副。至是以我所恃延鎮勁卒五千。牛秉忠老不任戰。蕢非衝邊才。乃起麻貴自謫戍代蕢。以貴勇且多蒼頭軍也。李昫等既抵鎮城。賊於東北二門各出梟騎三千搏戰步卒列火車為營四月五日我師衝鋒奪火車百餘輛追奔入湖溺死賊無算賊亦射延綏副總兵王通傷額蒼頭軍高蓋等三人乘勝先登會榆林遊擊俞尚德兵逗留被殺已

上有詔人給百金恤其家翌日許朝士文秀魯慶王及穆通政隨僉事至東城土樓乞暫罷兵願縛獻首惡承恩於南城遙謂我軍中都司李緄曰吾父出萬死為 國捍虜蒙恩至上將撫臣朘削激士怒自取夷滅吾父子勒部曲待命當路不察

甚辯有

結句奴是主意

綏着

反以爲罪。今首惡具在。乃不罪倡亂。罪戢亂。吾寧保此完城。結徇奴自全耳。因投詰勅城下。賊既甘言求款。會軍中糗粻乏。遂假此休士近堡。總督乃日夜促芻餉。調延綏莊浪兵。而着力兎於十四日。擁三千騎。從花馬池西安定堡擾我。以牽東渡。大司馬上疏。請懸令能擒哱拜父子。世伯爵。賞萬金。擒哱雲土文秀劉東暘許朝。世指揮使賞五千金。賊黨得相擒斬除罪。給軍門空劄百。會順義王方禽史酋求款。請諭令約松套虜出邊。厚加給賞。

兩人上書
不負所許
以大濟

上並報可令軍中五日一奏聞發冏金五萬兩佐
軍資而以總兵李如松督陝西討逆軍務由宣大
濟師御史梅國楨監軍事國楨上書請戎服督戰
先同宿將李成梁馳軍中時已推朱正色撫寧夏
而甘肅都御史葉夢熊上書願討賊詔嘉夢熊
慷慨令同督撫併力先是總督已徵蘭靖榆林兵
道回遠所治舟筏猝難辦乃壁花馬池俟軍至郎
移靈州靈州東有橫城西有鳴沙州濵河一葦可
渡賊數窺伺以在河南與寧夏相對也大司馬則

二次攻城

謂下馬關距寧夏不四百里慮賊由中衛據關窺固原或由靈州窺慶陽疏請陝西撫臣沈思孝移下馬關聲援因移保定山陝河南各撫臣備潼關上皆可其奏頃之延綏遊擊姜顯謨都司蕭如蕙甘州原任總兵張傑各軍並集副總兵麻貴亦至乃以二十一日進兵復抵鎮城下塹濠竪雲梯夾攻賊迎敵多殺傷又勾虜二千餘騎東擾橫城焚蒭茭浮河掠秦壩等堡東賜偵延綏榆林兵調征盖啓賄酋婦黃台吉妻縱男掊達大侄火落赤鐵

雷。掠舊安邊磚井堡以圖牽掣。二十七日。麻貴生秉忠與甘肅總兵劉承嗣。計選百金之士七千人。結爲四營。從西北攻。又二千四百人。從東北夾攻。賊亦以步兵五千。執挨牌遮護。騎兵乘之馳突。從未至申。獲級十六。而承恩與東暘勒精騎。同虜潛伏漢延渠。鹵我糧餉二百餘車。是時總督從花馬池還靈州。亦被圍。賴援至。得解。二十九日中夜。麻貴等乘大風縱火。復以雲梯攻城。賊巳先治滚木壘石待。擲火燃燒我兵千數。益出賊截餉道。時巡

撫朱正色與總兵董一奎。並至靈州。總督亦於五
月四日。抵州决策後。三日。我師見西關可擊。微採
柳梢蒲草及土。脩塹馬道。覺牛秉忠右股中流矢。
幾死。承恩因率虜從唐渠攻一奎營。以火藥燒柴
草。我師還休魏信堡。而哱拜亦率虜以五百騎圍
平虜堡。急麻貴選精卒三百。間道往援。卻之。十五
日巡撫朱正色渡河督戰。以
上命頒將士賞。一軍踴躍。賊聞詭請降。以張傑嘗
總寧夏兵。迎入城招安。傑於二十四日。單騎往。竟

虜中佐逆着力兎爲最

就繫賊亦先後縛送常達子等十八人二十八日總督檄叅政楊時寧同麻貴往橫城撫虜許朝恐黨與日落好謂着力兎曰幸爲我主招撫後往受賞也是時頓兵數月賊陽請撫陰勾虜衛恣迄無成功而日本酋平秀吉方破朝鮮東方復洶洶大司馬疏請宣諭虜王嚴約松套酋回巢重懸賞格如東西各部能縛獻哱拜父子賞二萬金封龍虎將軍縛獻劉東暘許朝土文秀賞萬金封都指揮使發冏金十萬兩聽宣大督臣蕭大亨懸購御史蔣

春芳亦疏請厚市賞縻虜決黃河大壩水灌城城可立破也上乃賜總督魏學曾劍一申令違者立斬以徇御史孫琉奏總兵李昫上幕府功非實賊刼我粮草二百輛　詔逮問已雖報免然軍中愈奮刻期殲賊矣六月六日都御史葉夢熊至靈州從甘州帶神砲火器四百車至更約法益徵苗兵會浙江都御史常居敬募浙兵千人糗粻自辦　詔嘉居敬忠義調赴寧夏於是分為五軍董一奎攻其南牛

[illegible]絶勾虜
[illegible]始

秉忠攻其東李眴攻其西劉承嗣攻其北而麻貴率游兵專待敵叅將孟孝臣護粮草於二十日並逼城下哱拜等自北門出戰意親往勾虜麻貴率叅將馬孔英麻承詔等先登卻敵逐拜入城擒斬百十七我師以砲箭燒城樓城樓火起以水滅之先是拜與虜深相結日夜從着酋帳中便調度至是入城不敢復出虜不得拜亦不敢復渡河深入

二十二日御史梅國楨提督李如松統遼東宣大山西兵麕集軍聲益振我師用布袋三萬盛土填

内應始此

集登城爲砲石擊卻二十五日都司李如樟夜半以雲梯暗上南城城上砲焚梯梯墜翌日遊擊龔子敬提苗兵攻南關如松乘勢欲擁上城城上箭砲多擊傷巳窺我兵會食縋下奪梯牌盖縱火是夜指揮趙承先武生張遐齡百户姚欽約爲内閒夜半四面並舉燧火城下兵趨上而樵樓火過蚤南火弗起城中果鼓噪大呼殺賊欽使遐齡縋城召城下兵城下兵行未中道邏騎鄭鐺承先去欽亟跳下城言城中人人欲殲賊也賊遂僇同事戚卿

畢竟水攻爲最妙着

等許朝因欲開小南門逸見門外兵整嚴復返自是之後益嬰城守多以矢石狙擊更詭招安望虜救然城中粮久殫銳氣亦消耗矣七月二日許朝等至南關請總兵董一奎款語僉事隨府乘間携印同苓頭從城躍下賊復縋執府繫獄翌日總督與都御史夢熊等决策水攻檄總兵劉承嗣大治堤十七日堤成長千七百丈决水水抵城下賊晝夜驚先是拜使養子克力蓋往調着力兎如松調知狀使裨將李寧追斬克力蓋等二十九級獲印

搗巢遇虜亦妙

御考

符令箭東賜承恩竟與着酋奉黃金蟒繡致卜失兎曰事急幸佐我徇靈州先止壁下馬關阻饟道也居有頃虜莊禿賴與卜失兎合部落三萬先使土昧斜鐵雷等犯定邊小鹽池而打正以萬騎從花馬池西沙湃入總督乃檄麻貴偵擊以牵打酋別遣董一元乘虛搗虜麻貴擊虜石溝旁虜稍挫分趨下馬關及鳴沙州總督因令遊擊龔子敬提苗兵八百堵沙湃口東趨定邊與董一元合亡何董一元報擣土昧巢斬虜百三十餘級虜驚引去

而打正還至沙湃苗兵前扼虜。爲虜圍十餘匝。大潰。龔子敬亦陣歿。然虜竟以搗巢解散。賊既絕援。我師盜決大壩水。八月朔。城外水深八九尺。是夜拜丞恩東暘遣小艇挖堤洩水。如松承嗣斬首十六級。生得一人。爲言城中乏穀。士盡食馬。馬餘五百騎。民食樹皮敗靴。死相屬。翌日。城東西崩百餘丈。都司吳世顯叅將來保所治堤亦各崩二十丈。總督以賜劍斬吳世顯徇行間。來保以靈州功免賊數出舟師遏補堤。我師多斬獲。城中饑民擁賊

求招安。十二日。御史梅國楨檄賊以饑民報爲治錢穀。檄到三日。開關迎大兵入賑。竟不應。虜亦數闌入李剛堡。會

上念師老無功。給事中許子偉等劾總督學曾惑於招撫。詔罷秩。以蕭能代。賜劍如之。是月十七日。新督在任事。申令益肅。時諜知賊重賄勾虜承恩東暘方從城上鳴砲。候虜衝突。二十一日。着力兎果以八百騎入鎮北堡。已又擁衆萬餘入李剛堡。分部渡河李將軍如松乃大勒兵。遣裨將李

[illegible]虜從此

寧等。馳赴黃硤口擊虜。而以勁卒千餘。身往策應。二十三日至張亮堡。遇虜搏戰。自卯至巳。虜甚銳。如松劍斬縮朒二人。會麻貴李如樟等皆會。張左右翼夾攻。李寧手殪二虜。虜遂郤。追奔至賀蘭山。虜盡走出塞。我師捕斬凡百二十餘級。鹵獲駝馬無筭。乃移虜級示賊。賊爲短氣。九月三日。叅將楊文提浙兵至。巳苗兵及莊浪兵至。大治臨衝船筏。刻日攻城。總督布告營中。有能先登。以城下。予萬金。後五日。水浸北關城崩。南關居民內變。我師陽

御考

調舟後擊北關承恩許朝果趨北關鏖戰而李如松蕭如薰等潛以銳卒襲南關雲梯攀緣而上賊驚散總督遂入勞苦百姓承恩見南關已下則盡氣奪乃急縋張傑下城懇貸死總督陽諾並治攻具先遣王機寄以蠟書行間已關民李登執原給劄潛諭哱氏殺劉許自贖十六日圍愈迫東暘頓足嘆曰遂至是耶佯爲風疾殺土文秀曰好頭頸毋令他人斫之已承恩與畢耶氣走南關殺許朝及其子許萬鍾已畢耶氣走北關殺東暘皆懸首

有生持

城上。於是李如松楊文等先登。蕭如薰麻貴劉承嗣等繼之。大城悉定。北樓火起。李如樟馳往。捜獲寧夏巡撫關防。并征西將軍印各一。而哱氏尚多擁蒼頭軍。是夕。總督下令。旦日不殺哱氏以賜劍從事。十七日晨。承恩方馳南門謁撫御史出。叅將楊文執之。李如松等悉提兵圍哱拜家。時拜方與牛秉忠飯。聞承恩擒。秉忠趨出。拜衆欲拒敵。如松給箭令卸甲。拜倉皇縊。闔室自焚。李如樟部卒李世恩。從火中斬拜首。生得拜中子承寵。義子哱洪大土文秀弟土文德及何應時陳雷白鸞陳繼武總督夢熊巡撫朱正色御史梅國楨隨入城問慰宗室士庶寧夏平捷奏上御門受賀詔逮前總督學曾得免爲民已復興致承恩等獻俘冬十一月大司寇當承恩極刑承寵等騈斬長安市頒示天下及四夷君長詔慰慶藩復寧夏今年租王妃方氏不受汚甍逝土窖中特詔褒異從大司馬議遷夢熊右都御史廕一子世錦衣正千户參正色右副都御史梅

國楨太僕少卿各廕一子世錦衣百戶李如松左都督廕一子世錦衣指揮同知以方征倭特加宮保示酬蕭如薰著都督同知廕一子世錦衣指揮僉事各賜金幣麻貴劉承嗣李如樟楊文牛秉忠等加級有差魏學曾以原官致仕兵部尚書石星加太子太保廕一子錦衣正千戶而蕭如薰守平虜時妻楊力贊 制勑旌奬尤異數云初議寧夏功成封爵後廷議不一 詔免行俟後有戡亂大功與封典合者申明舉行撫使 朝廷失信以孤

收降亦宜深慮

報効之意給事中曹大咸等劾穆來輔隨府依違
緹騎逮問竟適邊贈死事龔子敬都督僉事廕一
子世正千戶令朔方奉祀勿絕久之虜着力兎宰
僧亦縛送叛人馬世傑張敖覇等請市宰僧即打
正也始塞上以夷丁敢戰厚犒收養寧鎮爲甚而
哱氏父子與土文秀等並以降胡握重兵尾大不
掉率致叛逆議者以非我族類久必多變自今宜
用羈縻術分處以哱氏爲鑒先是拜任遊擊時循
故例得列名入衛當事竟以降夷絀之此可謂有

徙薪之慮矣

外史氏曰。甚矣哱氏父子之狡也。初發難。詭劉許以爲名。事成而居之。事不成則二千夷丁亦足制劉許死命。不失仇鉞之功。此實其本謀。方賊恣肆時。久稱哱帝劉王。迨劉許已就誅。哱氏乃揚揚詡上賞。我將士誤信。懽飲其家。抑已疎矣。督臣曰。寧負殺降名。以絕禍本。善夫。寧夏大壩水高西塔可數丈。其地勢西南唐渠東紅花渠。形如釜底。北西最下。水攻一決。哱氏遂無噍類。而得筭乃在絕勺虜。

以余聞張亮堡之戰。與守靈州平虜功。豈不竝偉
哉。

倭上

倭於島夷稱最强黠自唐更號日本附庸百餘按宋史其國有五畿七道三島稱王曰尊其後以天皇爲號一姓傳繼初於百濟國得中國文字幷傳佛法故浮海朝貢皆僧云洪武初遣萊州府同知趙秩奉　璽書諭其王良懷入貢已復寇瀕海諸郡潛師助丞相胡惟庸不軌事覺

上著訓世勿與通　命信國公湯和築城堡海上爲之備永樂四年以其王源道義有捕海寇功

封貢伏案

賜金印封其鎮山碑而銘之予勘合令道寧波十年一貢後竟貢寇無常十九年犯遼東都督劉江於金線島西北望海堝設伏殲其衆遼海自是無倭警而東南至嘉靖歲苦倭始鄞人朱縞充倭使來貢號宋素卿大漁利去尋與宅使宗設仇殺幕死絕貢者十七年其後海上奸豪潛與倭市巧爲籠絡倭不堪遂深入浙直閩廣巨酋陳東徐海冠浙勢張甚總督尚書胡宗憲以計剪覆之幷誅奸商王直江北閩廣以次蕩平然倭前後蹦內地垂

朝鮮稿本

十餘歲東南亦鼎沸矣萬曆壬辰西夏方用兵而倭大入朝鮮數告急朝鮮即古高麗與遼接壤脩貢謹輿地延袤六千里三都八道饒庶有華風然承平久懦不習鬬其王李昖湎于酒而倭酋關白平秀吉起人奴簒立以梟傑雄六十六州善用兵朝鮮釜山去日本對馬島不遠向有倭户流寓往來互市通婚媾因間朝鮮弛備壬辰四月分遣巨酋行長清正義智妖僧玄蘇宗逸等擁舟師數百艘徑陷慶尚道逼釜山鎮五月潛渡臨津掠開城

分陷豐德諸郡。朝鮮望風潰。王倉卒弃望京。令次子琿攝國事。奔平壤。已復走義州。願內屬。倭遂渡大同江。繞出平壤西界。當是時。朝鮮八道幾盡沒王子就俘。倭且暮渡鴨綠。則螫且中于遼。請援之使趾相錯也。廷議以朝鮮屬國。爲我藩籬。必爭之地。遣行人薛藩諭其王臣。復揚言天兵十萬已擐甲。方檄海外琉球暹羅諸國。擣倭穴。遼鎮先發遊擊史儒等。以偏師防義州。已遣遼陽副總兵祖承訓。統兵三千餘渡鴨綠。七月十六日。抵安定。嚴兵攻平壤時霖雨我師不諳地利馬奔逸入淖不可止爲倭擊盡殪史儒死之承訓僅以身免報至舉朝震動海上登萊天津旅順淮揚所在添募設防時西夏叛卒尚嬰城守兵部尚書石星度越江事倭且罷奔命募能入倭關說者於是游客沈惟敬請往宣諭以數騎走倭營刺情形歸報石大惑之會 中朝薊侍郎宋應昌經畧以員外郎劉黄裳主事袁黄贊畫大司馬以惟敬可佐緩急題假遊擊赴軍前請金行間應昌以十月終抵山海關上

亦此一策

馬芻粮。徵調未集。而大將軍李如松甫平西夏。亦未至軍。因謬借惟敬縻倭西向。前所羽檄徵兵七萬餘。至者半。請置三軍。以副將李如栢將左張世爵將右。而中軍則統於楊元。急趨遼陽。十二月初。李將軍已至軍中。

上憫東征將士寒苦。特發冏金十萬兩犒慰。且重懸賞格。而惟敬歸自倭。稱行長願退平壤迤西。以大同江為界。李將軍策倭多詐。天方寒。我師利速戰。遂置惟敬標營。於二十五日誓師渡江。開歲癸

行長出欵

平壤大捷

巳四日抵肅寧館倭酋行長遣將吉兵覇三郎餘倭二十一人同通事張大膳來安定聲迎沈惟敬窺虛實李將軍檄遊擊李寧生縛之倭猝起格鬬止獲吉酋三輩李將軍按寧申令一軍股栗六日抵平壤度地形東南並臨江西枕山陡立而迤北牡丹臺高聳最要害倭列拒馬地砲以待遣南兵試其鋒佯退是夜倭襲李如栢營擊卻之李將軍因部勒諸將諭無割級攻圍止缺東面屬遊擊吳惟忠攻牡丹峯陰取西南以倭易麗兵令祖承訓

東征獨此稱血戰首功

等僞効裝。潛伏八日黎明。鼓行抵城下。倭砲矢如雨。軍稍卻。李將軍手戮一人。我師氣齊奮。聲震天。倭方輕南面爲麗兵。承訓等乃卸裝。露明盔甲。倭急分兵拒堵。李將軍已督楊元等。從小西門先登。李如栢等隨從大西門入。火藥竝發。毒烟蔽空。方戰酣時。吳惟忠中鉛洞胸。血殷踵。猶奮呼督戰。而李將軍坐騎斃於砲。易馬馳墮塹。鼻端出火。麾兵愈進。我師無不一當百。前隊貿首。後勁已踵突舞干堞。倭遂氣奪宵遯。凡得級千二百八十五。殲首

朝鮮王始歸平壤

宗逸平秀忠平鎮信餘死毒火及從東城跳溺無筭。腥聞十里。眞奇捷也。參將李寧查大受等。率精騎三千。前伏江東僻路。復獲級三百六十二。生擒三倭。乘勝追襲。十九日。李如栢遂奪開城。得倭級百六十五。朝鮮郡縣如平安黃海京畿江源四道並復。王歸平壤。惟咸鏡道爲倭酋清正拒守。聞開城已破。則並奔王京。王京爲朝鮮都會。左江原。右黃海。南全羅。東慶尚。咸鏡忠清爲之犄角。頗據有天險。而我師旣連勝。有輕敵心。二十七日。去王京

碧蹄失利

征

九十里李將軍引梟騎二千前往踏勘至碧蹄館。猝遇倭圍數重李將軍督將士殊死戰從巳至午。一金甲倭前搏李將軍急賴指揮李有昇以死護。刃數倭竟中鉤墮爲倭支解李如栢李寧等乃益遮擁夾擊李如梅箭中金甲倭墜馬會楊元援兵砍重圍入倭遂潰而我精銳亦多喪天且雨近王京平地俱稻畦冰解泥深騎不得騁倭背岳山面漢水。連珠布營城中廣樹飛樓鳥銃自穴中出應時斃我師乃退駐開城二月十八日諜王京倭二十萬。且聲開白揚帆入犯。經略急檄劉綎陳璘水陸濟師。

上益發帑金二十萬兩佐軍興。李將軍分留李寧祖承訓等。以萬衆駐開城。命楊元等軍平壤。扼大同江。接餉道。李如栢等軍寶山諸處。爲聲援。查大受等軍臨津。而身自東西調度。聞倭將平秀嘉據龍山倉。積粟可數十萬。密令查大受選死士。從間道縱火焚蕩略盡。倭乏食。三月三日。於沿江得箭書。乃與沈惟敬申前款議。初我師捷平壤。鋒鋭甚

舉意中事
想當然爾

倭棄王京

轉戰開城勢如破竹全羅兵亦報獲級不復問
款及碧蹄敗衄氣大索久頓師絕域海氣蒸濕瘟
疫盛作急圖休息結局於是惟敬款議始用而倭
芻粮並燼衆生惡瘡聞我益發虎蹲等砲及戰車
列江上聲日張其酋行長亦懲平壤之敗有歸志
惟敬舌端靡靡可聽因得乘機張翕而封貢之議
自此起經畧既得請於 朝赦不窮追且得倭報
惟敬書乃益令遊擊周弘謨仝惟敬往諭倭獻王
京返王子如約縱歸倭果於四月十八日弃王京

倭據釜山

遁李將軍與經畧以翌日入所餘米尚四萬餘包蒭荳稱是因以大兵渡漢江尾倭後討乘間擊惰歸而倭步步爲營用分番休迭法以退別將劉綎以兵五千趨尚州鳥嶺鳥嶺廣亘七十餘里懸崖鑱削中通一道如線灌木叢雜騎不得度列倭尚拒險而別將查大受祖承訓等由間道踰槐山出鳥嶺後倭大驚前移駐釜山浦築居屯種爲久戍計我師乃張疑兵分遣劉綎祖承訓等屯大丘忠州檄調全羅水兵龜船分布釜山海口時倭巳去

王京漢江以南千有餘里朝鮮故土奄然還定兵科右給事中侯慶遠謂我與倭何讐爲屬國勤數

所見亦是

道之師以力爭平壤以權收王京舉兩都授之存亡興滅義聲赫海外矣全師而歸所獲實多

上乃諭朝鮮王還都王京整師自守我各鎮兵久

然議撤兵

疲海外以次撤歸經畧疏稱釜山雖瀕南海猶朝鮮境有如倭矙我罷兵突入再犯朝鮮不支前功且弃考輿圖朝鮮幅幀東西二千里南北四千里從正北長白山發脉南跨全羅界向西南止日本

對馬諸島偏在東南與釜山對倭船止抵釜山鎮不能越全羅至西海葢全羅地界直吐正南迤西與中朝對峙而東保薊遼與日本隔絕不過海道者以有朝鮮也開白之圖朝鮮意實在中國我救朝鮮非鄉隣鬭比朝鮮固則東保薊遼並無虞 京師鞏于太山矣今日撥兵協守爲第一策卽議撤宜少需時日俟倭盡歸量留防戍部覆南兵暫留分布朝鮮量簡精兵三千善後餘盡撤如前議六月廿日沈惟敬歸自釜山同倭酋小西飛

小西飛彈守藤原如安本一人或止稱小西飛或止稱藤原如安

彈守來請欵而倭隨犯咸安晉州逼全羅聲復漢江以南以王京漢江爲界李將軍討全羅饒沃南原府尤其咽喉乃命李平胡查大受扼南原祖承訓李寧移咸陽劉綎移陝川已倭果分犯我師並有斬獲兵科都給事中張輔之謂倭聚釜山原徉退誘　中朝撤兵圖漸逞無故請貢非人情今作犯晉州情形悉露宜節制征勦遼鎮都御史趙燿亦報欵貢不可輕許會七月十九日倭從釜山移西生浦送回王子陪臣而我師久暴露一聞撤勢

文旅縣二

難久羈。經畧乃請留戍全羅慶尚云。全慶二道。在該國極南。慶尚稍東。全羅稍西。朝鮮稱曰二南。此倭犯必由之路。爲該國門戶。以咻王京平壤。則堂奥也。兩道守。則朝鮮安。而東保薊遼。舉安釜山遥接對馬。倭可乘舟復犯。亦宜區處。議留劉綎川兵五千。吳惟忠駱尚志南兵二千六百。合薊遼兵萬六千人。聽劉綎分布慶尚之大丘慶州。全羅之南原雲峯諸路。仍咨國王募武健起。綎訓練。全羅諸道産炭鐵。宜教演火砲。併及時築壘濬濠扼險。其

卽令整師自守意

世子光海君琿頗英發。諭令居全慶間督師。劉綎特加禦倭總兵銜。吳惟忠等並聽調度。各兵計餉月五萬金。朝鮮瘡痍未復。得量給衣鞋費。更請乘小西飛乞貢。緩期數月。延至春汛後。留戍已定。規進止。而本兵謂留兵萬六千。復轉餉非策。劉綎以備倭副總兵。量加府銜。帥部川兵五千。倡該國訓練。各餉稍節縮。責以供辦。或慮行長尚未歸巢。量益吳惟忠等南北各兵。待行長歸。議撤。遼鎮簡卒三千。統以遊擊二員。於鳳凰城湯站等處防守。聽

先撤兵後議封貢便失先後著

劉綎調取應援便是時石司馬一意主款議撤兵省餉而經畧以師老無成功亦願借倭退弛擔因謬依違其間然策倭多詐毋陳兵難盡撤狀陰事款而諱言款局奏揭前後異同終無堅决是歲八月我師竟渡江歸各鎮已得

上諭本兵肯許封不許貢經略乃遣沈惟敬復入倭營促謝表急圖完局及部再議併撤吳惟忠等兵止留劉綎益肘掣遂與李如松並取回以總督侍郎顧養謙代矣甲午正月九日養謙代于寧遠

只因脊餉所候

應昌猶刺刺大兵不可撤。總督乃傳檄留各兵。止
火器于朝鮮。而南北將領吳惟忠等。已先時西還。
前請欵倭將小西飛。適留廣寧叩謁。爲言請封。及
抵遼陽。微聞關酋表文且至。始主遣　旨撤兵。止
草諭文。縱所俘倭吉兵歸諭行長。并遣遊擊周弘
謨往。疏得倭情甚悉。
上嘉養謙力主撤兵。多膽畧。已石司馬因朝鮮餉
○不給。并議撤劉綎兵。而總督疏請封貢並許。云。沈
惟敬初入倭。即言封貢。倭以是退王京。還王子。屏

依樣胡盧

附會

跡胥命。後因　中朝無意許貢。遷就以報本兵。在
我不宜中變。示倭無信。卽經畧應昌。嘗有終始講
貢之説。貢道宜定寧波。關白宜封爲日本王。請擇
才力武臣爲使。以惟敬從。諭行長部倭盡歸。與封
貢如約。
上命九卿科道會議。先是惟敬歸自倭營。卽有和
親之説。詭云和好親密。儀制郎中何喬遠等忿請
罷封。至是給事中林材、叅督臣朋欺。御史唐一鵬、
叅李如松開封釁。而遼鎮都御史韓取善疏倭情

御考

未定。請封貢並絕。石司馬亦張皇。恐關白不能就
羈縻。是歲七月。宣平壤捷。會九月。朝鮮疏請許貢
保國。
上始切責群臣阻撓封貢。本兵不能主持。追褫御
史郭實等。詔小西飛入朝決計。時改總督侍郎孫
鑛。新受事。差伴抵京。石司馬優遇如王公。小西飛
等殊揚揚。過闕不下。既集多官面譯。要以三事。一
勒倭盡歸巢。一既封不與貢。一誓毋犯朝鮮。並無
異意。以聞

推是[illegible]

上復諭於左闕詳定語加周複大畧主請封如石
司馬肯時甲午十二月二十日也
上乃定封議命臨淮勳裔李宗城充正使副以都
指揮楊方亨同沈惟敬往明年乙未正月禮部議
日本原有王未詳存亡關白或另擬二字或即以
所居島封之行長以下量授指揮衛賞賚有差
上竟准日本王號給金印行長准授都督僉事已
總督傳諭行長語枝梧且日本王見住山城有文
祿三年曆可証與小西飛稱國王爲信長所弑互

個中情事

妙着不用可惜

異乃與遼鎮都御史李化龍疏六可疑五可慮謂倭不識漢字恐中間兩相欺紿請從禮部量封秀吉順化王罷遣沈惟敬增募水兵而清正素不服關白與行長不相能可用魯連諭燕將計時封使已發竟不從偵倭坐營陳雲鴻報熊川島倭船三十六號業起行歸巢石司馬遂信封事必可成及封使久羈覲望訛傳不一十一月始抵釜山延至丙申正月沈惟敬詭云演禮同行長先渡海私奉秀吉蟒玉翌善冠及地圖武經又驅壯馬三百

南戈崖騎從陰獻秀吉娶阿里馬女與倭合宗城紈袴子訹親從言倭叵測四月三日乘夜易服弃印勅遁遶撫鎮馳奏併報惟敬就縳上逮問宗城議戰守會副使楊方亨受惟敬誠揭倭情無變改 命科臣往廷臣交章請罷封上責規避抗違下御史曹學程于理竟以方亨充使加沈惟敬神機營銜爲副惟敬 因得舞智揣摩巧完封局弄司馬股掌矣已楊方亨 報封竣稱六月十五從釜山渡海九月二日於大坂受封即以

潛封豐臣平秀吉小西飛亦開豐臣行長豐臣家康等其總稱也

四日回和泉州。然倭責朝鮮王子不往謝，留釜山如故。謝表後時不發。方亨徒手歸 朝。明年丁酉二月，沈惟敬續投表文，案驗潦草，前折用豐臣圖書，不奉正朔，無人臣禮，而覓奠。副總兵馬棟報清正業擁二百艘屯機張營。方亨始出，吐顛末，秀罪惟敬，并本兵前後手書進呈御覽，而惟敬辱 國及本兵彌縫罪狀，奉 旨勘如律云。初，惟敬本一無賴，石司馬誤中其游說，借款息兵，意雖爲 國，而堅於持議，遂讐過國之言。

藉口省餉盡撤戍兵欲倚小人舌端成功難矣封使久羈亦稍稍疑數遣心腹偵探復飾詞迷愎自甘欺罔至欲媚

上以珍珠鶩賊防東廠官校漏言此真老而天奪其魄惟敬小人何所不至令早知遼督撫言罷遣而劉綎吳惟忠等防戍不盡撤亦何至請張潰裂遺大臣謀國惟公與虛難矣哉蓋前後凡七年而邸馬奏殲倭海上

倭下

倭去王京屯釜山首尾將五歲如鷙鳥之匿形測之者曰倭初因糧朝鮮故輕入不攻兵後朝鮮殘破無見糧倭雖六十六州實止及　中國一大省徵餉猝難取給且航海運糧風不利僅粟支一年有進無退或曰沈惟敬許倭七事約割忠清全慶三道朝鮮王親往謝小人辱　國所許至有不忍言者倭坐獲全算可無戰或曰倭懲平壤挫鋭借封貢以愚我撤兵取勝十全釜山南連對馬北通

全慶東有東萊機張西生琳瑯五浦爲之左臂西有安骨加德熊川森浦巨濟開山德橋金海竹島龍堂爲之右臂聯絡犄角可攻可守倭因講暫退以愚我援兵盡撤乃借豐朝鮮負約杖筆並定凡此皆倭得筴也封事既壞丁酉二月復議用兵而我防戍並罷平壤南兵撤回以攻牡丹臺賞不給鼓譟石門寨總兵王保藉忿誘殺之徵兵備使項德楨檄止幾無孑遺後募鮮應者閧白發兵十三運聲百萬淸正向朝鮮僧松雲大言日本有天下

經畧外又經理

以朝鮮先驅借路語狂悖不可聞時以總督尚書邢玠經畧麻貴從延綏改備倭爲大將軍而經理朝鮮特勑僉都御史楊鎬天津亦開府申警備麻將軍以五月九日抵遼陽十八日望鴨綠東發所統兵止萬七千人請濟師經畧疏請募兵川浙并調薊遼宣大山陝兵朝鮮惟閑山水兵一枝稍勁請益調福建吳淞水兵而劉綎督川漢兵六千七百聽防勦與麻貴各建牙麻將軍寄報倭宣大兵至乘倭未備先取釜山經畧謂一取釜山則行長

衍考

擒淸正走。此奇着快人。而勢未可乘。初擬楊元吳惟忠。分乞全羅之南原。慶尚之大丘慶州。大將軍駐王京。居中調度而南原城圯盡。燕弱不繼。慶尚一道。半爲賊據。孤軍難入。乃檄楊元趲餉。整理南原。吳惟忠扼忠州。入夏。雨如注。麻將軍七月初至碧蹄。計至王京。去釜山千四百里。而南原忠州。並相去數百里。勢難趨擣。且行長營釜山。淸正營西生浦。如破釜山。陸路必由梁山。梁山西北有峻嶺。止容雙馬。路險絕。南有三浪大江。直逼金海竹島。

東陲情
罷悉

二處皆咽喉地倭並伏勁兵水路必由巨濟加德安骨三處亦咽喉加德安骨有倭船鱗次巨濟尚無兵屯此應先據恐一過梁山三浪江倭水陸各一枝在梁山東西扼險吾後無應援再益以機張等兵自東來益不可當如破清正陸路自西而東則由東萊機張自北而南則由慶州蔚山此路東南大海西北山嶺稻田止可用步兵水路必自東而西由長鬐甘浦開雲長鬐水兵極單弱倭所依者水而水戰不利正兵須東西各水兵一枝牽其

回顧陸兵方可衝突仍一軍屯南原捍全羅一軍屯大丘扼慶尚一軍屯全慶中如晉忠宜寧爲中堅然後分向釜山機張兩陸路水兵東西四面齊發此正着而兵糧不齊難輕動疏聞

上諭與經理圖進止大學士張位等請於開城平壤開府屯田西接鴨綠旅順之師東爲王京鳥嶺之援因山鼓鑄以資軍興又言招南兵不若求南將傳示朝鮮其王虞　中朝吞併乃疏稱朝鮮舊有三都漢城開城平壤也今並殘破所居漢城亦

荆棘未除。小邦形勢。全慶二道爲重。慶尚門戶。全羅府藏也。無慶尚則無全羅。無全羅則雖有他道。終無所資以爲根本。斯乃倭所必爭。我所必守。倭若據全羅。則遠之西海一帶。近之珍島濟州。皆爲窟穴。縱橫無所不通。便風一二日抵鴨綠。卽開城平壤不足爲固。往在壬辰。倭陸抵平壤。又從水犯全羅。繞出西海。幸舟師扼於閑山島。今倭據慶尚左右道。而釜山西生浦。爲其巢穴。對馬釜山間。海洋數百里。爲其糧道。得於慶尚要害。設險屯積兵

屯田終不許行

御者
餉時以輕兵相機攻剿從陸地以蹙其勢而又以
利艦鋭卒出沒海上邀截其後庶幾有濟若屯田
則地土磽确終不如南方議遂寢六月以來倭數
十艘先後渡海分泊釜山加德安骨等處放丸如
雨殲朝鮮郡守安弘國已復往來竹島漸逼梁山
熊川初沈惟敬率營兵二百出入釜山宜寧與倭
合揆事不諧便舉足入倭經略向切齒謬爲慰藉
惟敬漸移南原去釜山七百里經畧卽以屬楊元
先假更換撤其營兵後惟敬聞

了沈惟敬案

閑山一敗倭勢復熾矣

上罪石司馬而倭酋平調信益兵進犯乃爲赴宜寧會行長之説暗欲走倭調信果於六月以倭五百來迎楊元聞即襲執之惟敬執而倭嚮導始絶倭已奪梁山占三浪則遂入慶州侵閑山七月十五夜襲柒川島統制使元均風靡遂奔閑山要害倭踞巨濟閑山島在朝鮮西海水口右障南原爲全羅外藩一失守則沿海無備天津登萊皆可揚帆而我水兵止浙三千甫抵旅順經畧檄且哨且行赴閑山協守閑山破則守王京以西之漢江大

征考

同江扼倭西下兼防運道而倭隨於八月十二日
圍南原南原守將楊元本債帥無固志十六日夜
倭猝乘城元驚起帳中跣足遁時全州有陳愚衷
忠州有吳惟忠各扼險而全州去南原百餘里勢
相犄角愚衷初至州無斗糧及勘十里外山寨中
多貯米豆弓矢蒭朝鮮苦我兵甚於倭不欲在州
遠貯山谷者恐倭至反爲寇助也南原告急愚衷
懦不發兵聞已破而州民爭竄奔城去麻將軍急
遣遊擊牛伯英赴援與愚衷合兵屯公州倭遂犯

寳備

全羅道。王京。王京為朝鮮八道之中。東臨為鳥嶺忠州。西臨為南原全州道相通。自二城失、東西皆倭。我兵単弱、因退守王京、依險漢江。麻將軍日夜造筏逼我師防倭暗襲而發兵守稷山。朝鮮亦調都體察使李元翼、由鳥嶺出忠清道、遮賊鋒。經理身赴王京、躍馬諭以死守、人心始定。嗣是九月、副將解生、遊擊牛伯英頗貴於稷山水源設伏、各有斬獲。叅將彭友德等亦報追倭至青山、獲級百上六。軍聲益振。經畧乃移郎中董漢儒屯義州、海防

虛聲亦好

使蕭應宮屯平壤。又聲言調南北水陸兵七十萬旦暮至。福廣浙直水兵直擣日本。倭聞風遂不敢進。行長奔井邑。離王京六百里。清正踰竹嶺。奔慶尚。離王京亦四百里。十一月。經畧渡鴨綠。二十九日抵王京。共議進勦。而所調宣大延浙諸勝兵竝集。乃分三協。左李如梅。右李芳春。解生。中高策。竝以副總兵分將。時監軍爲御史陳效。

上復賜經畧尚方劍。重事權。經畧計令麻將軍同經理督左右協。自忠州鳥嶺向東安趨慶州。專攻

初攻蔚山

清正恐行長自西來援令中協兵馬近宜城東援兩協西扼全羅援倭又于三協中摘馬兵千五百同朝鮮合營由天安全州南原而下大張旗鼓詐攻順天等處以牽行長我師陸路粗備獨水兵屢檄不至既大聚兵經畧與麻將軍於十二月二十日會慶州探倭屯蔚山蔚山之南島山並不甚高而城皆依山險中一江通釜寨其陸路則由彥陽通釜山麻將軍欲專攻蔚山恐釜倭由彥陽來援令中協高策吳惟忠等扼梁山左協董正誼等赴

南原張旋又遣右協盧繼忠兵二千屯西江口防
水路援於二十三日從蔚山進攻遊擊擺賽以輕
騎誘倭入伏獲級四百餘倭盡奔島山於前連築
三寨翼日遊擊茅國器統浙兵先登連破之獲級
六百六十一倭堅壁不復出島山眎蔚高石城新
築堅甚我師仰攻多損傷諸將曰倭艱水道餉難
繼第圍守之濤正可不戰縛也經理以爲然分兵
圍十日夜倭至嚙紙充饑飯先用礮者倭從隙用
礮發命中彈皆碎鉄爲之中多疊雙瞰我師稍怠

是役功垂就矣而以倉皇後貽敗局

佯約降緩攻而行長來援行長亦慮我襲釜營也選銳倭三千虛張幟蔽江上是時戊戌正月三日經理聞報即倉皇撤兵倭襲兩協弃輜重無算經畧乃移各兵回王京圖再舉而贊畫主事丁應泰疏劾經理楊鎬喪師黨欺

上罷鎬命兵科左給事中徐觀瀾往勘併勒大學士張位閑住以位密揭薦鎬奪情破倭今乃朋欺債事故也經畧以前役缺水兵無功乃益募江南水兵講海運爲持久計二月別將陳璘以廣兵劉

良是

綎以川兵鄧子龍藍芳威以浙直兵先後至而天津巡撫都御史萬世德代楊鎬或語經畧朝鮮地里隔越山水險阻兵聚一處難以成功不若因地分任人自爲戰守經畧然其謀分三協爲水陸四路路置大將中路李如梅東路麻貴西路劉綎水路陳璘各守信地相機行勦時倭盤據朝鮮七年沿海千餘里亦分三窟東路則清正據蔚山自去冬攻圍益增築西生機張在在屯兵而恃釜山爲根本西路則行長據粟林曳橋建堅砦數重憑險

天城與南海營相望負山襟水最據扼塞中路則石曼子據泗川北恃晉江南通大海爲東西聲援薩摩州兵剽悍稱勁敵而行長水師番休濟餉往來如駛尤倭繫重經畧懲島山之失特於三路外置水兵一路約日竝進而中路李如梅尋調遼帥以董一元代九月二十日分道進兵劉綎逼行長營挑戰奪倭橋斬級九十二驅入大城陳璘舟師協堵擊燬倭船百餘麻貴抵蔚山與清正對壘據險割其糧稻焚溺甚多董一元進取晉州拔望晉

乘勝渡江南連燬永春昆陽二寨倭退保泗川老
營壘戰下之遊擊盧得功歿于陣得級九十二前
逼新寨三面臨江一面通陸引海為濠海艘泊寨
下以千計築金海固城為左右翼中通東陽倉十
月十一日董將軍一元分泒馬步協攻步兵遊擊
茅國器彭信古葉邦榮三營前攻城騎兵遊擊郝
三聘馬呈文師道立柴登科四營後應步兵遊擊
藍芳威攻東北水門副將祖承訓殿攻圍自辰至
未彭信古用大損擊寨門碎城垛數處步兵齊至

又失此着

再議撤兵

壕，砍護城柵湧入。忽營中櫃破，火藥發，煙漲天，倭乘勢衝殺。固城援倭亦至，我師騎兵先潰，遂奔還晉州。經略查參　詔斬馬呈文、郝三聘以狥，彭信古等充爲事官，董一元革宮銜，降府職三級，各戴罪立功。而朝議以師久無功，洶洶撤兵。大學士趙志臯請令總督歸鎮制虜，以東方事專委新經理萬世德，量留兵將分布。

上令府部九卿科道集議。兵科都給事中張輔之

御史于永清等疏爭，乃一意進勦。會福建都御史

因利乘便勢如破竹

金學曾報平秀吉七月六日死各倭酋業有歸意我師因水陸乘勢夾擊捷音日至十一月十七日五鼓清正發舟先遁麻將軍貴遂入島山西浦劉將軍綎因倭詐降夜半攻其不意遂奪曳橋獲級百六十石曼子引舟師救行長遇陳將軍璘半洋邀戰行長乘小艇逸倭泊露梁尚數百艘氛甚惡陳將軍璘統蒼唬船追擊并焚死石曼子得級三百二十四水爲赤副將鄧子龍朝鮮統制使李舜臣衝鋒陣亡南海蕩平倭遁錦山殲焉而董將軍

得大體

一元則報據浙兵遊擊葉國器稱參謀史世用等
經理諭文往有石曼子用事郭國安内應石曼子
遵諭先撤各奔潰東征始結局云捷聞
上發帑金十萬兩犒賞丁應泰再疏賂倭賣國
上念將士冲胄矢石特諭優叙應泰回籍聽勘東
征勳功陝給事中楊應文是歲己亥播州復用兵
劉綎督川兵先發麻陳董三帥並檄回以李承勛
充禦倭總兵暫留戍萬五千人前後生擒倭六十
一以四月十八日獻俘平秀政平正成並梟磔傳

九邊七月給事中楊應文勘東征功次共四路擒
斬倭二千二百四十八宣捷祭告 郊 廟如例
因題敘四帥首陳璘次劉綎又次麻貴而董一元
始破三寨終掃諸巢功亦難泯
上晉邢玠太子太保廕一子錦衣世指揮僉事
賜金蟒萬世德陞右副都御史廕一子入監陳璘
劉綎各加都督同知麻貴右都督廕一子世指揮
僉事正千戶有差董一元准復職仍並給金幣部
司董漢儒王士琦梁祖齡等各加賞弁 賜兵部

尚書田樂金蟒廕一子入監兵科都給事中張輔之職方郎中楊應聘竝優擢再叙稷蔚功賜茅國器陳寅彭友德等金前經理楊鎬以原官叙用已復忘御史陳効殞命絶域廕一子錦衣而弃師緣起遁倭沈惟敬先後弃市久之經畧疏稱留戍缺餉戶部尚書陳渠議 天朝七八年來所費本色百萬折色四百餘萬朝鮮辦餉方可議戍刑部尚書蕭大亨議關白死清行二酋貳倭未能料衆再奏惟對馬窮倭苦難資生必肆掠況昔年釜山

為倭戶住種。似屬必爭。計留兵萬五千。歲費不下
三十萬。應從長計處。而廷臣議留十三。議撤十七。
庚子二月。朝鮮王請留水兵三千。止認本色口糧。
是歲八月。遂得 旨盡撤。經理疏善後八事。一選
將以朝鮮右文。將宜博采。一練兵。麗人鷙悍耐寒
苦。而長衫大袖。非甲冑制。一守衝要。朝鮮三面距
海。釜山與對馬相望。揚帆半日可至。東入機張蔚
山。西入閑山唐浦。塗所必經。我登釜山瞭望如指
掌。而巨濟次之。宜各守以重兵。一脩險隘。朝鮮王

京北倚叢山南環滄海稱四塞而忠州左右烏竹二嶺羊腸繞曲眞所謂一夫當関萬人莫踰向倭守此防我南渡而副將吳惟忠孤軍久戍倭不敢窺皆得地利也今營壘遺址尚存亟加脩葺一建城池朝鮮八道十九無城以避地爲便而平壤西北鴨淥二江俱南通海倘倭別遣一旅占據平義則王京聲援既絕腹背受攻一造器械倭戰便陸不便海以船制重大不利攻擊令催福唬造千百艘爲奇兵而添造神機百子火箭一訪異材朝鮮

對馬島市易終不可罷

倭貴世官，藏世役，如錚錚自負，不宜一切錮之。一脩內治　國家東南臨海，登旅門戶，鎮江噤喉，應援宜添不宜撤，自此以後，對馬島倭橋智正，稱倭將平調信，島主平義智，意將刷還所擄請和，蓋對馬地，並山岡，不產五穀，向資食米朝鮮，自侵掠後，絕關市，生理薄，百計脅款，朝鮮王請裁　天朝，且乞量發水兵協防，不許，丙午冬，家康復奉朝鮮書犇尋盟，并縛送據王京時發掘朝鮮先王丘墓賊，僧松雲往探，家康云，壬辰，身在關東，不預兵事，關

倭刊底不志貢

東卒無一渡海而朝鮮還人報頃倭諸島築城對馬島以主和事獨蠲役倭言和事不成則六十六州半築城半往戰朝鮮朝鮮王以聞上諭加意偵防而對馬遂私款不絕後三年己酉朝議允于釜山港開市本島商船歲以二十爲率事竣即回海上嚴飭舟師以待是歲倭幷琉球虜其王聲取雞籠淡水侵閩廣又三年壬子冒琉球貢海上明年癸丑平義智遣釜山市倭齎書索添船幷請貢路詔申飭海防又三年丙辰倭犯

南麂外洋。閩奉告急。已而寂然。初平秀吉將死。令源家康領東北三十三州。輝元領西南三十三州。協輔七歲孤秀頼。有酋景勝叛據關東。家康悉兵擊破之。盡誅其黨。行長等併敗。輝元專國政。秀頼因娶家康孫女。而薩摩州兵最勁。太守平義弘稍與頡頏。及家康老。兩酋幾不相下。近聞家康物故。自長岐島外。盡與其子爲難。勢且中變。往丙午。朝鮮偵報家康已代秀吉爲王。盡反前轍。迨丁未云。家康傳位其子秀忠。稱新關白。移秀頼于大坂。止給廩食。頃歲復以兩酋吞攫來報。然竟未審情寔。大抵關白如漢大將軍號。得主其國。而山城君亨奉不治事。此倭俗從來遠。琉球亦我屬國。在海外與朝鮮形稍殊。自併琉球後倭於海上。駸駸震鄰矣而我瀕海奸民。闌出日眾。勾通之漸。識者慮焉。或言倭急貢。以刀扇小物規大利唯卓海禁遵祖訓絕勿與通。倭入犯眎風。風自東北。則犯大小琉球。風自正北。則犯廣東高肇。風自東北。則犯福建台溫。風自正東。則犯浙直。風自東南。則犯淮揚

只兩語盡遼左形勢

登萊風自正南則犯遼陽天津若朝鮮折而入于倭王京之漢江不三百里入海可窺江淮平壤之大同江不三百里入海可窺登萊義州之鴨綠江不百里入海可窺天津而陸由義州窺遼陽曾不尺咫往贊畫劉黃裳疏曰遼東一溝外即虜一江下即倭可寒心哉可寒心哉以余觀倭相持釜山前後用兵大類持重我以樓船橫海之師四將軍二十六偏裨費金錢數百萬竟收功一死關白天方贊我倭小醜何能為一時文武大吏幾貪天功

矣差強人意唯平壤一捷而卒以封貢敗豈所謂
進銳退速者耶

外史氏曰今稱倭強大與虜埒然倭以海爲穴弃
險爭衡上國於勢不順而智多出于蠶食徃嚙朝
鮮
　中朝經畧數歲訖不得要領或謂關白忌淸
正世臣借兵事出之全慶間姑翼以弄臣行長坐
是欵戳互異不其然與琉球受脅而閩浙爲震動
將憂豈在朝鮮也余嘗策倭非有大志必不越海
生心封畧唯窮島素艷我子女玉帛而奸民又潛

爲勾引。鋌而走險。憂方大耳。海禁蕩不可弛。人亦
有言。急之適以生變。緩急操縱。消釁未形。在當事
善自爲謀矣。

播州

播州。古夜郎且蘭地。漢始受䌫縻。屬牂牁郡。唐貞觀初。分牂牁北界置郎州。領六縣。已改爲播州。乾符三年。南詔寇陷太原。楊端應募决策。馳白錦。出奇兵擊定之。授武畧將軍。值唐亂。留據。長子孫。歷宋附屬。稱外臣。大觀三年。以楊文貴納土。置遵義軍。元世祖授楊邦憲宣慰使。賜子漢英名賽因不花。封播國公。　國初。楊鏗内附。改播州宣慰使司。隷四川。其域廣袤千里。介川湖貴竹間。西北塹山爲關東南俯江爲池蒙茸鑱削居然奥區領黄平草塘二安撫與播白泥餘慶重安容山六長官司統七姓爲田張袁盧譚羅吳世爲目把大事諮决焉田係思州宣慰裔永樂改土爲流族多入播張亦龍虎山舍餘與楊世姻婭嘉靖間楊相寵庶子煦欲奪嫡嫡妻張與子烈擁兵逐相走水西客死水西宣慰安萬銓挾奏索水煙天旺地聽還葬烈即應龍父也自烈佻殺長官相攻剽垂十年總督侍郎馮岳討平之應龍生而雄猜尤阻兵嗜殺隆

說明

慶六年。襲職。以兵積勞。從征喇麻諸番。先登。多斬獲。從征九絲。賊乃郤敵。捕虜亡筭。從征楊柳溝。郤敵。先登。斬首數十級。先後　賜金幣。揚揚意得。萬曆十三年。進大木六十本。助工
上特給大紅飛魚服。加職級。應龍窺蜀兵弱。每征討。止調土司。而蜀將或從借級。漸驕蹇。輕漢法。所居僭飾龍鳳。擅用閹侍。嬖小妻田雌鳳。疑嫡妻張奸淫。出之。已飲田氏兄所。乘醉封刃。取張併母首。屠其家。是歲萬曆十五年也。應龍在州專酷殺樹

從來黔蜀兩省事多異同

御考

威有小睚眦卽戕害人人惴恐初惑七姓虐所屬黃平等五司久而覺其欺稍奪之權七姓遂反噬應龍疑衆不附益結關外生苗爲翼肆行刧掠十七年所部何恩宋世臣等及張氏叔張時照上飛文告龍反巡撫貴州都御史葉夢熊疏請大征而蜀三面隣播士大夫率謂播僻處西南隅屬夷以十百數皆其彈壓兵驍勇數赴川貴軍門調有微勳剪除未爲長策以故蜀撫按並主撫而黔主勦朝議乃行兩省會勘應龍願赴蜀不赴黔二十年

揣摩情事
良然

逮詣重慶對薄繫論法當斬請以二萬金贖御史
張鶴鳴方駁問會倭大入朝鮮羽檄徵天下兵應
龍因愬辨願自將五千兵報効 詔可釋回播啟
行尋 報罷巡撫四川都御史王繼光至嚴提勘
結遂抗不復出蓋應龍居恒負固驕蹇如天帝已
淹繫一獄吏得挫辱之重索金錢上下輕重萬端
殆不可堪龍自謂前後頻有功于漢繫七姓實隷
我往夜郎君長側得生殺其屬亦何至爲漢法急
持助若屬與我爲難也以是一脫縲輒颺去不欲

[illegible]始主剿

一敗於白石

就吏。而張時照等復詣奏　闕下。巡撫王繼光乃一意主剿。遂得　旨戒以貪功妄殺。二十二年。春王正月。繼光馳至重慶。與總兵劉承嗣議。分三軍。以都司王之翰一軍軍川南。由黃平湄潭入。副總兵曹希彬一軍軍川北。由永寧緝麻入。參將郭成一軍軍川東。由安穩松坎入。三道並進。前指婁山等關。屯白石口。應龍佯令黨穆炤等約降。因統苗兵據關衝殺。萬弩齊發。之翰軍覆。餘殺傷大當。會巡撫繼光論罷。即撤兵。委弃錙重畧盡。黔進師協

忽剿忽撫
殊無定局

恥亦無功。御史薛繼茂乃旋主撫。應龍因上書自
白也。而蜀御史吳禮嘉劾郭成等失律。
上謂本酋朝廷原無意必誅。大兵一至。應自縛軍
門請死。今御史報。與本酋奏辨。順逆懸殊。行嚴查
奏。毋姑息。郭成等革任立功。移蜀新撫臣譚希思
星馳赴任。與劉承嗣同貴州撫鎮。相機征勦。頃之
承嗣以疾乞骸骨。兩省議無堅決。詔遣兵部侍
郎邢玠總督。以車駕郎張國璽主事劉一相贊畫
會應龍屬擕黃白金入燕行間。爲原奏何恩執詰

楊酉之反
率由奸乱
者備成之

征考

綦江縣乙未正月蜀御史王慎德上書因稱贊畫
司罷既總督乘傳至察永寧酉陽暨馬千斛皆與
龍通姻嫌而黃平白泥諸司久為仇讐討先剪其
枝黨以檄曉譬應龍大畧稱引哮劉王杲事宜
國威稜龍來當待而不死不者國家懸萬金購
而頭若早為計吾不而欺也當是時七姓唯恐龍
出得除罪而四方亡命闖匿其間又幸龍反因以
為利縣道文移輒從中阻總督復使詣龍所問狀
檄撒綦江烏江兵諭奏民勿擾龍漸有悔心矣會

應龍所最忌在奏民亦所最恨

水西宣慰安疆臣請父國亨卹典兵部尚書石星手札示疆臣趣應龍就吏得貰罪時御史吳禮嘉以水西與龍世好心疑之疆臣益自厲奉札至播招應龍低回久之而驛報重慶王太守且至王太守士琦多大畧總督特檄詣綦江趣應龍安穩聽勘太守屬綦江令及經歷李應春遊擊吳文傑前往宣諭應龍乃令其弟兆龍等至安穩治郵傳儲偫郊迎叩頭致餔資餼牽如禮曰應龍久縛渠魁待罪松坎所不敢至安穩以安穩故多奏民也使

君幸枉車騎臨覘松坎敬布腹心綦江令具言太
守太守曰松坎亦曩奏勘地也即以五月八日单
騎徃松坎應龍果面縛道周泣請死罪膝行前席
叩頭流血請得比安國亨國亨曩亦被訐懼罪不
出界上今安穩乃綦江所部地廣大請治公館執
罪人及罰金獻庭中太守爲請總督委兩贊畫及
道府竝以七月廿四日詣安穩應龍囚服郊迎蒲
伏縛獻黃元阿羔阿苗等十二人案驗抵應龍斬
以夷法得論贖輸四萬金助採木仍革職子朝棟

以土舍受事次子可棟羈府追贖黃元等梟斬重
慶市總督以聞是時倭氛未靖大司馬欲緩應龍
文罔專事東方
上亦念應龍向積勞可其奏蜀兩臺因議以黃平
草塘白泥餘慶重安五司暫改屬黃平倅故事黃
平倅治獄訟賦稅而五司襲替貢馬表箋須宣慰
印符宣慰多以此難五司故也初川東兵備巡播
州殿最土吏給事中陳尚象疏如舊便總督請于
桐梓婁家丁山赤水間設撫夷同知東溪巡司移

置松坎。並允從。論功賞。　賜總督邢玠以下金。加
玠右都御史。歸　朝。重慶守王士琦即陞川東兵
備使。彈治之。應龍再及寬政。乃益怙終不悛。每忿
五司七姓。奴輩窘我。必盡刀俎釋忿。而次子可棟
尋死重慶。則益心痛。分遣夷目置關據險。僭立巡
警江內七牌。江外四牌。搜戮奏民。刼掠屯堡無虛
日。厚撫諸苗。用以摧鋒。名硬手。州人稍殷厚者。因
事誅之。沒其家以養苗。諸苗人願爲出死力。丙申
秋。劈餘慶土吏毛乘雲棺。磔其屍。已又掠石阡大

都壩焚刼餘慶草塘二司遍及興隆偏鎮都勻各衛已又遣兆龍引兵圍黄平戮及重安司長官張熹家明年丁酉春三月流刼江津縣及南川七月臨合江索其讐袁子升縋城下臠割之十一月石砫宣撫司土舍馬千駟入播先是千駟毋覃與應龍私覃寵千駟謀奪長子千乘爵於是聘應龍次女爲繫援因緣朋奸所從來矣明年戊戌兵備使王士琦調征倭應龍盜統苗兵大掠貴州洪頭高坪新村諸屯已又侵湖廣四十八屯阻塞驛站調

慘惡之罪亦通天矣

原奏讐民宋世臣父鑾及羅承恩等挈家匿偏橋衛城。襲執指揮陳天寵等。大索城中。得鑾承恩及子女。慘戮以殉。令諸苗對父奸女。面夫淫妻。或裸體坐木。叢射笑樂。或燒蛇從陰入腹。人蛇俱斃。又掘墳墓焚屍。灰飛蔽天。巡撫貴州都御史江東之等疏請防禦　詔令擒獻惡目正法。巡撫四川都御史譚希思御史趙標。請於合江綦江各置遊擊一員。合江募兵千二百名。扼岡門。綦江募兵二千名。扼安穩。部覆如議。而經歷潘汝資好談兵。黔撫

黔始主勦

再敗於飛練

始議大征

奇其意明年巳亥二月令同都司楊國柱指揮李廷棟部兵三千往勦應龍遣朝棟帥兆龍何漢良等迎敵於飛練堡我師奪獲三百落賊佯走天邦囤誘罷我師殲之楊國柱罵賊不屈竟脅跪斬與汝資等俱死於是黔撫臣坐浪戰罷以郭子章代而蜀巡撫改總督特起前都御史李化龍兼兵部侍郎節制川湖貴三省兵事是時東征業已完局因移劉綎督兵還蜀議大征總督於五月終馳至蜀即請設標兵益調募浙閩滇粵將士先檄總兵

萬鏊自松潘移重慶并調集鎮雄永寧各漢土兵設防六月初應龍乘我師未集大勒兵犯綦江分屯赶水猫兒岡遣婁國等以偏師一犯南川一犯江津其子朝棟守沙溪緝麻山防永寧宣撫與貴州十七日遊擊張良賢遇賊舊東溪頗有斬獲廿一日黎明應龍督苗兵圍綦江城數匝遊擊房嘉寵誤爇火礮反傷城上兵賊乘勢登城嘉寵率師巷戰蜀兵爭譟走水上乃先殺其妻與良賢赴敵死應龍因刼令縱囚焚掠綦江失守則賊勢如出

[illegible]亦馬棧敵皆耳

柳乘勢長驅。計半日可抵重慶。重慶失。則蜀門戶去矣。而賊方出綦江庫犒師。依倉就食。盡取貲財子女去。老弱者殺之。投屍蔽江下。水爲赤。退屯三溪。以綦江之三溪毋渡。南川之東鄉壩。立石爲播界。號宣慰官莊。聲言江津合江皆播故土。統兵清理。遲回累日。總督乃得日夜徵調漢土各兵守渝城。獲奸細十六人。沉于河。分戍南川合江瀘州。勢漸張。賊亦遷延不進。初賊本無意射天。徒以安忍猖狂。既覆我師。飛練則騎虎勢不終下。益結九股

所謂弄假成真騎兩頭馬

征考

惡苗及紅黑脚等苗負險弄兵然猶跱冀我如往
局曲赦未敢鼓行深入止言爭界給葬并索奸奴
而總督因我援師未集蜀人畏賊如虎成都兵甫
出門即欲投錦江不肯東亦時跱移文詰責示無
遠絕意討以緩賊賊果具文求撫不復西向總督
亦謬作好語縻之止駐會城調度示賊無張皇已
上聞破綦江追褫兩省撫臣譚希思江東之各爲
民緹騎逮兵備使王貽德　賜劍懸賞嚴吉進勦
總督益調沿江南兵及武岡麻陽兵移粵西總兵

陳璘改湖廣駐偏橋貴州總兵童元鎮駐平越東
候大舉已劉將軍綎以十月至蜀總督亦就近移
重慶而賊微聞
上無意肆赦益結生苗大治扼塞以黔兵弱時偵
諜黃平平越間總督前檄水西兵三萬守黔省斷
招苗路十一月應龍乃屯官壩聲窺蜀已遂焚東
坡爛橋楚黔路梗已又出掠偏橋興隆鎮遠諸衛
接取九股生苗平越新添黃平龍泉所在告急黔
危於累卵總督以偏隆間東坡爛橋重安三處實

離其黨與
此要着

徧考
楚黔滇要害。一爲賊據。則楚不得入黔滇不得出
楚。將無黔。且無滇。議置勁兵萬餘通道。因疏參黔
帥童元鎮擁兵銅仁不前
上怒逗遛。革職立功。以李應祥代。而故總兵沈尚
文。且緹騎逮治也。劉綎亦以赴師踰期。充爲事官
報效
上以楚地遼濶。偏橋旣設總兵。仍以文臣特開府
聠師。廷推江鐸往。是時徵兵屢至。總督大須賞格。
爲諭苗雜言。廣招慰。賊黨頗携。明年庚子。正月五

日應龍勒兵數萬五道並出攻龍泉司守備楊惟中擁兵二千以勢不敵先期托言議事往鸚鵡溪止土官安民志部卒五百拒守被擄吏目劉玉鑾妻子並死于賊龍泉係思南石阡咽喉一失則婺川孤懸賊方移兵進攻聞蜀金竹官壩警撤囘不果金竹官壩南川信地也正月二日石砫宣撫馬千乘軍鄧坎賊乘懈於三更時衝刼我軍堅壁至黎明奮擊連破金竹青岡嘴虎跳關七寨十四日酉陽宣撫冉御龍進攻官壩斬關直上復擒斬三

游兵節制
始不敢出
波

百有奇。賊弃龍泉遁。蓋二捷有以牵之矣。初洪邊
宣慰宋承恩。聘應龍長女貞惠。及龍反。承恩得請
兩臺絕婚。黔撫臣令率土兵三千。協守烏江桃子
營。至是應龍遣楊珠等輕師遠襲。劫留團中。時二
月七日也。自祖冬至二月。所調延寧四鎮。河南山
東。天津。滇。浙。粵。西兵。至者踵背相屬。土司如酉陽
石砫。永寧。天全。鎮雄。平茶。邑梅。水西。久在防守。烏
蒙。施州。散毛。容美。永順。保靖。烏羅。獨山等。先後報
至。總督乃分爲八路。蜀分四路。一綦江。以原任總

兵劉綎將。參遊麻鎮等隸之。督以參政張文燿。一南川。以總兵馬孔英將。參遊周國柱宣撫冉御龍等隸之。督以僉事徐仲佳。一合江。以總兵吳廣將。遊擊余世威等隸之。督以參議劉一相。一永寧。以原任副將曹希彬將。受吳廣節制。參將吳文傑宣撫奢世續等隸之。督以參議史旌賢。而中軍率標下遊兵策應。川東總監以參政張棟。川南總監以參政謝詔。楚黔亦分四路。總兵童元鎮統土知府瀧澄。知州岑紹勳等。由烏江。參將朱鶴齡受元鎮節制。統宣慰安彊臣等。由沙溪。總兵李應祥統宣慰彭元瑞等。由興隆。而偏橋分兩翼。總兵陳璘統宣慰彭養正等。由白泥。副總兵陳良玭受璘節制。統宣撫覃宜等。由龍泉。以偏橋江外爲四牌。江内爲七牌。五司遺種及九股惡苗盤據故也。督餉紀功。烏江。則叅議梅國樓。沙溪。則副使洪澄源。總監以按察使楊寅秋。興隆。則副使尤錫類。監以叅議張存意。而白泥督餉。以叅議詹啟東。紀功。以副使王應霖。龍泉督餉。以副使陳與相。紀功。以副使路

雲龍監以按察使胡桂芳叅議魏養蒙其黔楚巡
撫郭子章駐貴陽支可大移沅州部署已定總督
大集文武於重慶盟神作軍誓登壇慷慨期二月
十二日分道竝發每路兵約三萬出師之盛近所
希有先是蜀玉壘山忽裂僉謂昔年平九絲地數
動殆播平前兆云曾未再浹旬而綦江捷至綦江
自東溪入播竝峻嶺茂箐楠木山羊簡臺等峒奇
險爲賊目穆炤等盤據劉將軍綎於十五日進兵
連戰破三峒三月朔楊朝棟等統苗數萬分三路

迎敵鋒銳甚我師夾攻數陷陣朝棟大驚潰圍走幾爲我獲始綦江諸苗自分往屠城罪不赦又賊忌綎威名冀首挫其鋒屬親子悉勁兵間道相角曰爾破綦江馳南川盡焚積聚渠無能爲也及朝棟僅以身免賊膽破益爲守禦計矣而諸路捷音相繼南川則酉石二司先登初八日遂趨桑木關烏江則壩陽永順兵先登十一日遂趨烏江關翌日趨河渡關陳將軍璘及副將陳寅擊四牌賊各披靡遂奪天都三百落諸囤賊連敗乃乘隙出奇

水西交絕便孤掌難鳴矣

兵前突烏江詐水西瀧澄會哨盜誘永順兵斷橋淹死我師無算

上怒童元鎮失律逮至京或飛語水西佐賊者總督檄詰水西不自安會賊殺其頭目澄大恨二十六日賊託田氏脩好賄澄澄斬其使治兵相攻安疆臣亦執賊二十餘人明不背漢自是二氏交絕

劉將軍綎戰九盤以二十九日入婁山關是為賊前門萬峯插天中通一線我師從間道攀藤魚貫毀柵入四月朔屯白石應龍身率各苗決死戰陰

征考

第一險隘

循緝通賊之路甚妙

令楊珠等抄後山奪關。四面合圍。都司王芬中流
矢死。劉將軍親勒騎衝堅。以遊擊周敦吉守備周
以德。分兩翼追奔至養馬城。與南川永寧路協攻。
連破龍爪海雲險囤。且壓海龍囤而壘海龍囤。賊
所倚天險。飛鳥騰猿不能踰者也。時偏沅巡撫都
御史江鐸已抵任視師。陳將軍璘急攻。以十三日。
破青蛇囤。安疆臣亦以十六日。奪落濛關至大水
田。焚桃溪莊。賊勢急。父子相哭。上囤死守。每路遣
降文誘我師。總督檄賊詭降。即斬使焚書。無爲所

綸虞綖與應龍舊檄無通賊綖械其人軍門自明而吳廣以朔三日入崖門關營水牛塘與賊力戰三日卻之徼利欲受降弛攻賊詭令婦人於囤上拜表痛哭云田氏且降復詐爲應龍仰藥死報廣廣輕信按兵不動已覘知田氏詐降緩攻而所云應龍死乃川兵攻囤以火炮擊死所謂楊珠也珠勇善戰既死賊慟如失一手廣覺詐益厲兵協攻燒二關奪三山絕賊樵汲八路兵大集囤下從十八日始築長圍更番迭攻自是賊坐困窮崖知兵

著尚何益

在頭矣。會總督聞訃。跣而草檄。愈治軍。念賊圍前隧絕。勢難飛越。令馬孔英以勁兵一枝壁其前。餘併力攻後圍。營中或言水西通賊。因移令退劄水西。懼曰。吾不為亡播續也。與鎮雄引嫌。先以五月廿八日拔營去。時久雨。士苦馳淖中。六月四日。天忽開朗。五日。劉將軍綎身先士卒。遂破土月二城。應龍窘。是夜散數千金募死士拒戰。諸苗皆駭散。無應者。起提刀自巡其壘。見四圍營火燭天。徬徨長嘆泣。謂妻子曰。若等自為計。吾不能復顧若矣。

翌日凌晨。我師遂登囤，破大城，各將爭奪首功。應龍倉皇同愛妾二闔室縊，且自焚。吳將軍廣獲酋子朝棟，及妻田氏。急覓屍出焰中。廣中火毒，失聲，幾絕，頃而甦。總計出師至滅賊，百十有四日。八路共斬級二萬餘。生獲朝棟、兆龍等百餘人。檻車傳致。以六月二十一日，解俘重慶。計賊去歲破綦江，亦以是日。天道好還，良不誣云。總督露布以聞。疏首述劉將軍綎功冠軍。而司李高折枝以書生請自將土漢兵，爲南川將士先，入關最早。尤雄偉不

聳譽不容口是歲冬十二月獻俘　闕下大司寇
請剉應龍屍磔朝棟兆龍等市梟示各夷并戮田
氏馬千駟其宋承恩以先絕姻釋勿誅播入楊氏
八百餘年至應龍凡二十九世始以其地分爲二
郡屬蜀者曰遵義屬黔者曰平越遵義領州一眞
州改眞安州即古珎州縣四遵義綏陽竝故縣桐
梓舊爲夜郎縣仁懷舊爲懷陽縣平越領州一黃
平改置州爲川貴要區縣三湄潭餘慶甕水重
安合爲綏安縣龍泉所改縣屬石阡又專設播州

兵備使駐遵義置威遠衛建學增驛鳥言卉服竝洽華風矣其地西南左接水西右逼永寧犬牙相錯水西向侵播州水煙天旺及宅𠥓脫頗衆蜀黔爭執經界數年始定後三年甲辰正月敘播功進總督李化龍少保兵部尚書廕一子世錦衣衛指揮使貴州巡撫郭子章陞右都御史兼兵部侍郎偏沅巡撫江鐸贈兵部侍郎各廕一子世錦衣衛指揮僉事湖廣巡撫支可大復原官廕一子入監總兵劉綎陳璘竝陞左都督廕一子世本衛指揮

使馬孔英授都督同知加實職二級世襲吳廣李
應祥子並世襲本衛正千戶李應祥贈左都督餘
陞賞有差已故監軍司道張棟楊寅秋各贈太僕
寺卿廕一子入監安疆臣瀧澄母鳳氏各賜金紵
絲表裏前兵部尚書田樂廕一子世錦衣與戶部
尚書陳渠趙世卿等各賜金幣新總督王象乾賜
金并飛魚服署本兵刑部尚書蕭大亨改兵部尚
書於原廕加級世襲賜金蟒職方郎中申用懋候
巡撫缺推用前逮治總兵童元鎮已謫戍得開伍

議者以國家用兵西南夷未有大得志者也　國
初傅友德統二十四將軍止言防守正統間麓川
之役用兵十五萬轉餉半天下而罪人終逸嘉靖
初思田之役以勦始以撫終至今爲諸夷口實是
役征調兵凡二十萬出師甫踰百日計三省征勦
防守約二百萬而逆酋授首闢要荒爲郡邑遂爲
西南一大奇捷非
皇上獨斷督臣宣力當不至此或曰應龍井蛙耳
何能爲獨不勝匹夫之忿與其屬爲難狃於中朝

宜令應龍
心服

宣諭故轍時繫時釋時勦時撫一逞於白石再逞於飛練三逞於綦江以爲漢終不奪我播事無過一撫完局乃敢螳臂當車蕃至天兵四集而酋頓足知悔晩矣檻虎阱猿死不擇音然猶竭天下之全力環而攻之以山壓卵其愁不剋而我亦已疲甚事莫不鋝於微而成於激方酋雛伏以一太守單騎幸臨皇遽請罪及其鴟張以入路五將軍之師相持數月殺人如麻僅乃剋之誰生厲階得不償失蕃考楊酋察其終始信怨毒于人爲甚也酋

始因繫重慶踰年弭耳乞憐豈有意反者哉
天子至仁且武方命再三赫然徂征貪功妄殺自
始用兵已拳拳申飭矣初賊已破綦江僞軍師孫
時泰說賊欲圖大事先取重慶直搗成都虜蜀
王入營爲質時蜀無重兵鼓行而前三巴且幾不
守幸賊自顧巢穴計不出此我得乘間厚集王師
及川兵四路入關賊始悔失策斂兵一處殊死衝
突已無救于滅亡掌大蠻崖狠天作佹覆不旋踵
豈非天哉　國家十餘年間更三大征千里轉餉

西事凡費二百萬東事首尾七年踰七百萬是役亦踰二百萬而調兵獨最廣疲　中國空　內帑以事鳥夷獸夷白骨山積海內騷動計非王者得已而或者猶侈言開疆斥土以播駕說抑獨何與

外史氏曰初楊酋獻俘余以計偕　闕下目擊其事已更從大司馬長垣李公游讀所著平播全書詳哉言之也應龍反狀實激使然而我以招安爲多方之誤潛濟師以逼之師未出而勝畫備矣況刼水西以剪其翼外援既絕不亡何待聞劉將軍

綎故驕恣。徃與應龍交懽甚暱。及抵師。即糾參戴罪。督其後効。葢亦得將將微權焉。兵者臨敵制變。未可輕嘗。是役以衆當寡。爲功差易。或謂應龍終以智免。其然。豈其然乎

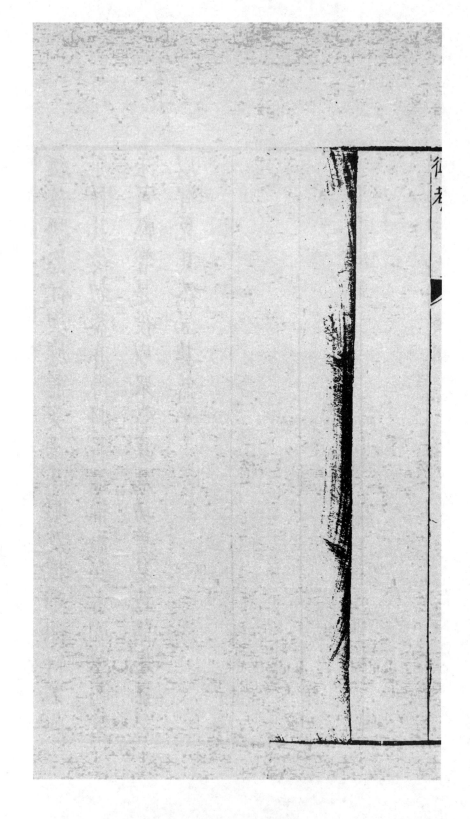

寧夏。古雍州域。秦屬北地。漢爲朔方郡。東起鹽池
西盡中衛。東南距河爲險。北倚賀蘭爲固。稱西塞
馬。成化以前。虜常犯河西。自虜入套。河東三百里
皆敵衝。嚴冬踏氷直犯。夏秋則用渾脫浮渡。且取
道賀蘭山後。徃來莊凉矣。本鎮所轄八路。河西五
路。北平虜。洪廣。南玉泉。西中衛。廣武。河東三路。中
靈州。東花馬池。興武營。並稱要害云。

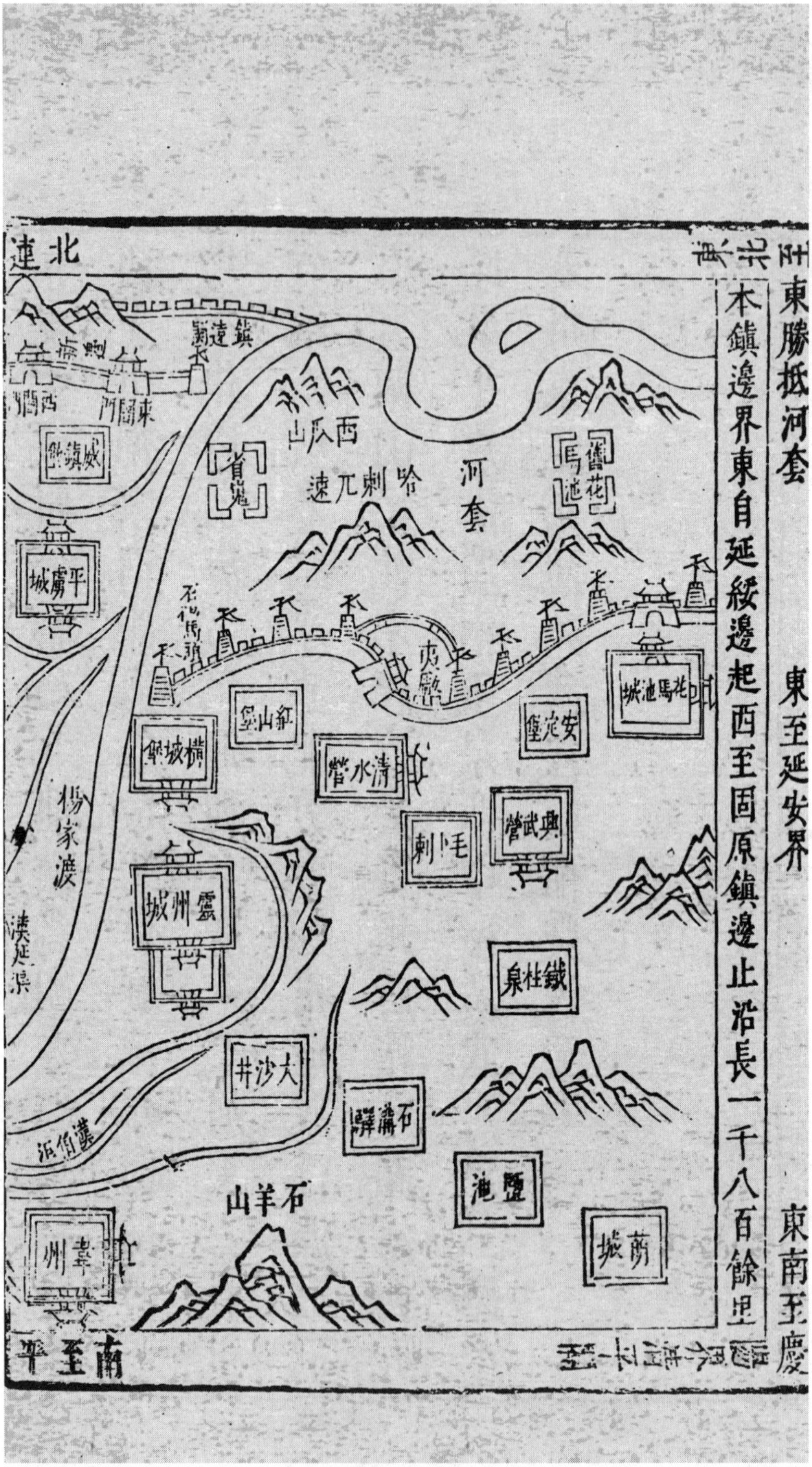
東勝抵河套
東至延安界
東南至慶
本鎮邊界東自延綏邊起西至固原鎮邊止沿長一千八百餘里
南至平
河套
哈剌兀速
花馬池
鎮遠關
威鎮堡
平虜城
花馬池城
安定堡
紅山堡
橫城堡
清水營
興武營
毛卜剌
楊家渡
靈州城
鐵柱泉
大沙井
石溝驛
鹽池
韋州
石羊山

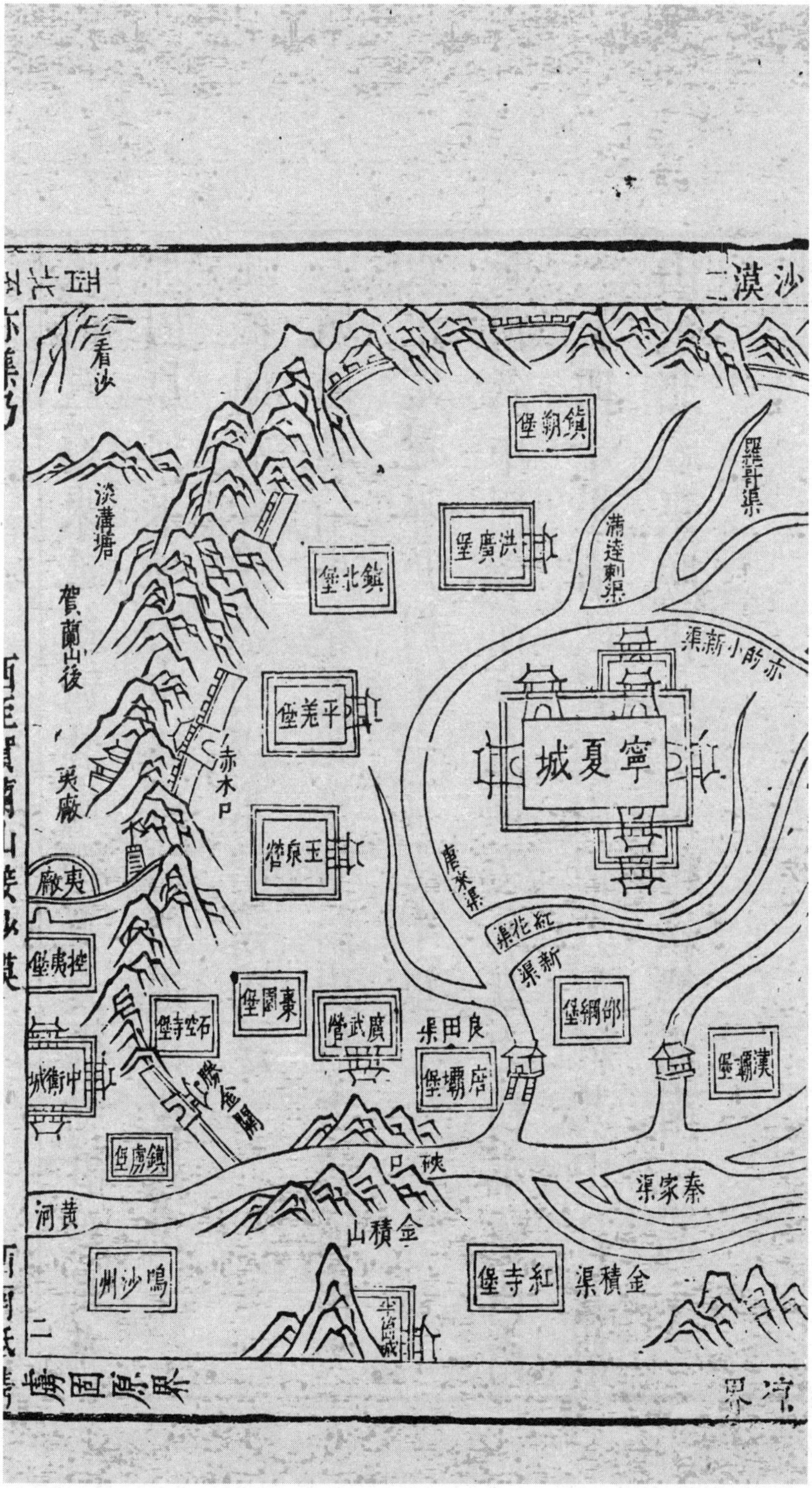
沙漠
看沙
淡溝塘
賀蘭山後
鎮朔堡
洪廣堡
鎮北堡
平羌堡
赤木口
玉泉營
寧夏城
赤的小新渠
唐來渠
紅花渠
新渠
邵綱堡
漢壩堡
良田渠
廣武營
棗園堡
石空寺堡
控夷堡
中衛城
鎮虜堡
峽口
秦家渠
黄河
金積山
鳴沙州
紅寺堡
金積渠

陝西三邊。東延綏。西甘肅。獨寧夏鼎峙甘延間。藩屏固原。河東逼套中諸虜。河西逼山後諸虜。正德間有外邊。嘉靖以來。增築内邊長城西起靖虜界。迤北接賀蘭山。循大河而南。又東至定邊界。凡周千一百七十里。黄河爲中國害。而寧夏獨受灌溉之利。本鎮西南一百四十里。有硤口。兩山相夾。河經其中。自賀蘭山東北經東勝。復入中國。由綏德而南注焉。

倭地形類琵琶。東高西下。九州肥前。肥後。豐前。豐後。筑前。筑後。日向。大隅。薩摩。居西爲首。陸奧居東爲尾。山城居中。乃彼國都。西北至高麗。必由對馬島開洋。南至琉球。必由薩摩州開洋。其貢船必由博多開洋歷五島而入中國。及回。徑收長門。若入寇。則隨風所之。大抵其來恒在清明後。利東北風。故防倭以三四五月爲大汛。九十月爲小汛。

日本四面瀕海去遼東遠。去閩浙近。向入寇。唯薩摩肥後長門三州人居多。倭好絲綿磁器之屬。尤重醫。及茶。亦好書畫。五經。則重書禮。而忽易詩春秋。四書。則重論語學庸。而惡孟子。

七

播州西連僰道南極牂牁重山複嶺爲禹貢梁州之境天文井鬼分野其俗敦厖業耕殖射獵信鬼好詛婚姻以銅器氊刀弩矢爲禮燕樂以銅羅鼓横笛歌舞爲樂會聚尚漢服出入背刀弩自衛土產斑竹文龜斑布丹砂犀角雄黃茶蜜靛楠杉猿熊。

初成化間。楊輝疏保少子友。以宣撫管凱里司諸苗。嘉靖時。降安撫司。屬貴州。及播平改流。而凱里安撫楊燧。爭執疆界。查燧。係應龍從叔。再降長官司。

楊鑑。一作楊鏗。今以一統志全蜀土夷考爲據。

都督劉將軍傳

太倉王衙藏板

都督劉將軍傳同時殉難職名附錄

劉都督綎南昌人父顯弱冠把都蠻寨隘都蠻古西南夷地界川貴其窟穴為九絲山崇蠻峭仄外限深箐東北為鷄冠嶺都都寨凌霄峯三岡皆峻壁拔地数千仞都蠻蚪聚桀獷毒流螫噬顯把隘挺身與蠻格鬥殺傷数十蠻畏顯萬曆初元顯總四川兵攻凌霄擒阿苟襲幺兒斬阿墨賊遂喪膽留阿大守鷄冠而阿二方三等上九絲顯計蠻中九日禱賽必聚飲盡醉乗夜攀蘿冐雨腰絙极挽

而上兵入蠻帳二酋醉夢驚覺起距鬬互擊戳蹈籍投崖落塹死者亡筭二酋走保牲豬寨官兵追至貴州大盤山獲之併破鷄冠寨阿大逸出為部将所擒都蠻盡平破寨柵六十得酋王三十六俘馘四千六百有奇拓地五百餘里獲銅皷九十三皆漢諸葛武侯時物又獲古函牛寶鼎淳于彝器凡若干告 廟薦勛爵賞有差大學士陳以勤有平蠻碑是時綎巳束髮從征所至報捷癸巳倭陷朝鮮天兵諸路並進倭遁釜山檄綎督兵防守全

慶又選麗兵精勇数萬令綎教習訓練移王子光
海君出鎮重地設險隘謹斥堠以禦外侮會樞臣
狃于議封欲撤防綎力排和議後封不成而冊使
奔東事遂决裂乃益徵募江南水兵議海運分水
陸四路合官兵十萬綎居西路相機行勦是時倭
踞朝鮮者七年沿海盤結為三窟蔚山為東路清
正據之順天為西路行長據之望津四川為中路
石曼子據之三路皆阻海為固綎率所部居水源
攻順天倭寨倭築寨逼海綎不得達設計誘行長

通好单騎候于中道以示不疑督部下一倭千總
洩其謀行長驚遁綎計不就乃督諸將奮勇還戰
遂大勝斬獲頗衆倭敗入釜營不復出無何平秀
吉死其子金哥幼國中謀篡奪三路倭將撤兵綎
因播事動先促歸　朝命給諫楊公應文勘功時
二十七年四月事也先是一年播酋楊應龍叉烏
江失事再破綦江官兵五路征討綎總綦江路繇
松坎爬頭箐夜即舊城進深峭懸崖伏戎截餉而
銅鼓臺嚴村囤楠木峒山羊簡臺三峒皆陡絕為

巨賊淵藪我兵連破三關賊以死拒峒乃運草縱
焚時風逆將雨綎叩禱風轉火入峒賊死烈焰三
峒盡克賊復挑老虎兵令男朝棟總管分三路綎
亦密引兵三路棱應虎苗冲營伏兵齊起綎舞大
刀立斬數人率部下血戰賊奔潰幾獲朝棟酋父
子嘗言他處兵不畏只畏綎與水西兵朝棟敗酋
大懼退駐石虎關我兵奮勇斬關連奪滴淚三坡
并瓦窑坪石火爐二寨又克悶頭箐炒米坡頂山
三壩鬼崖險寨賊遂披靡奔入婁山谷婁山關萬

峯插天黑箐蔽日喬木連雲中一路纔數尺壘石
架樓設木關十三座綖連破關門兵亦多重傷衝
過青龍坎直至養馬城楊酋張黄蓋督陳劉兵猝
至僅以身免自此不復窺婁山矣綖堅壁不動劉
營冠子山進逼海龍囤下議攻鐵柱關賊四面受
敵力不能支綖親督各將挖城垣五處部兵先登
左水關樓樓被燬風順冲烟囤上滿囤哭聲響震
山谷是時七道各鎮會議輪日攻打綖身先士卒
火砲轟烈立破土城酋父子躬領苗兵出城衝突

三次募死士拒戰苗皆散無應者翌日陳璘吴廣打陳遂登囤入城楊酋同愛妾周氏何氏登樓自縊縱火自燔各鎮齊赴囤擒賊妻子弟軍師族黨應龍以己亥六月二十一日搶綦江庚子六月二十一日解俘重慶總督李公化龍平播鑄銅鬥銅標鐫銘竪海龍囤之顛巡撫江公鐸立石紀功是役也綎以一戰破三峒再戰克九盤三戰取石虎婁山入養馬四戰奪鐵柱奪後關諸軍逼海龍連月不拔綎至一日而克其二城破巢而賊無噍類

征播以綦江為首功焉播平歲在戊申五月調征
雲南恢復三宣六衛生擒岳鳳父子獻俘告　廟
再平羅雄截繼榮破武定府鳳騰霄殲厥醜類又
提督陝西兵征臨洮火落赤等部褁鎗百戰兵不
挫衂四十年建南猓夷為冦起矣將軍綎督兵往
勦督撫為中丞吴公用先綎至建南五月渡瀘冒
嵐觸瘴絶糧茹草兵半死生所過桐𢈢雪峯諸路
開闢計費一十二萬斬級三千三百事聞于　朝
廷浮語流訕譁為傳奇事遂齮齕有遵義郡守詹

君自負勇健欲與劉将軍鬭很数侮将軍将軍言
吾儕皆　朝廷尊官母媟褻詹怒酗酒揮拳相加
将軍指一麾遂顛仆　朝議謂劉将軍毆郡守益
重将軍過而泯其功建南兵撤無歸餉各兵抱空
腹蹴躃于塗衣甲盡質川兵多觧散去将軍稱貸
劄背同戰騎家丁三載乃得歸歸未匝歲而奴酋
之難起矣戊午四月　詔徵天下宿将入衛　京
師起都督綎原官時余為江藩左伯造謁将軍燕
程入援将軍曰吾有丁千人馬数百匹隨行請司

餉予與中丞包公商之公曰原疏未　題丁馬憑
發余謂不然将軍一人耳必藉家丁為羽翼将出
而師從師行必藉馬事以義起有昔年征調例在
按故牒行之先餉而後聞之部可也遂發餉領餉
者七百三十八員名馬八十六匹耳比将軍行而
遠赴者趾錯于塗以漸集矣初将軍以廢置歸時
情落落門可張羅将軍亦髀肉生厭苦兵革無聞
風跳躍鳴劍伊吾之志余数数為将軍鼓舞一日
謁将軍劇談兵事謀所以禦虜者将軍盡出連環

丁板倒馬鎗伏弩火銃試于廳前隙地銃不火而即發不知火從何來出袖箭亂發如飛意所至無不中的神沙眯目短兵相接則揚沙莫能顧盼將軍曰座間無以為樂請舞大刀可乎余謂將軍冠帶横玉未便舞乃隻手高擎刀重百斤將軍真神威也余再問諸葛連珠弩何似即出諸葛弩乃得其解復問紅綿索飛杈出試之叢人中隨手縶縛入中堂閱倭刀盔甲及虜中器仗靡不精利畢具蒼頭各自能鑄造匠工不及也將軍所被雙鞬雕

服皆半敝余問之甲直数百金能測陰陽禍福帥
混兵卒中只以縵胡纓為識令家丁認主將急則
捍衛不在衣甲之鮮明也將軍言虜善用鈎鈎即
乗勢直前用刃刺之又言能為木將軍横馬馳敵
陳中至即满身火藥大發彼軍自亂余謂非必勝
之技萬一馬驚反走吾軍不受斃乎又謂將軍遇
虜釘板倒馬鎗不能遠齎虜軍卒至何以應之將
軍云倒馬鎗以竹箭灌油能傷馬輕可多夾又竹
萎亂抛可絷馬足伏弩盈丈兩人上扣溪子巨黍

巽綦同機伏發亂射而弩皆中毒着毒必傷皆斃中不易致之藥也而惟都督公家有之其家丁則合南北倭苗夷虜靡所不有黑獠鬼面者入水不濡時令司門巡酒三尺之童赤身舞利劍如庖丁之運刃或側身馬腹旋復跳出馬俱騂騮黑昭玄采紺發龍翥麟超影不及形殺不暇越其家丁一能杭十強者一能抗百馬逸能止車覆能起哮闞風驅玃戾執猛獢哉強乎將軍誓師禡禱躬自屠牛以卜勝負卜不利謂有三大戰甚危將軍有憂

色余謂将軍勉圖之毋自餒張建為将軍餞且慫
慂中丞公加禮将軍以壯行色官軍過司堂余設
牛酒犒于是中丞公亦設犒且給軍需起行凡民
間稱貸有負于将軍者稍為索償以資行費且檄
部例請丁馬餼糧芻秣部得公牘始悟檄入衛将
俱挈家丁鞍馬給芻餉余復委專官續觧至通州
給領從征者懽呼踊躍将軍抵 京竢 請諭蜀
父老集舊兵大要謂 廟廊戰守之議未定将之
責任未定兵之分布未定難以出關即火器兵器

馬匹諸色破虜等械未備各省所調之兵馬未到
新召募之兵馬全未經練亦難以出關臣所帶佛
郎機百子銃排銃鳥銃火炮釘板挨牌衣甲刀鎗
袖箭藥箭飛鏢等器由水前進船到方可整辦又
容俟可統之兵陸續前來方可起行若輕發債事
張承胤即前車也况今邊事亦難言矣一鬨徹則
人情洶洶若虜在目前應事不無過于張皇虜稍
退則處堂怡怡竟置之度外而綢繆不無踈于桑
土一疏累累數千言奏　聞不省將軍曾向余言

蜀兵至始出關蜀兵伊父子所習用肯與主軍同
患難者也蜀兵未至乃嚴督將軍行且立趨之出
戰謀泄而彼中之期會已定輕身以入其羅網豈
戰之不善哉先發之一日天日昏黯塵霾障天已
變為紅光如血大風揚沙晝晦翌日兵分四路督
兵清河者為李如栢逗留不進撫順為杜將軍松
驍捷敢戰兵次渾河半渡賊決流水湧後車火藥
為伏奸所焚賊以全寨精力設伏誘師松戰没鎮
守王宣趙夢麟參將龔念遂李永芳柴國棟張大

紀遊擊楊欽王詰汪海龍李鳴鳳留守李希泌都
司吳光先李天培等死之賊乘勝攻開鐵總兵馬
林突遇賊索戰部伍大亂僉事潘宗顏通判董爾
礪副將黃鉞遊擊宋得龍麻岩鄭國良都司潘龍
鱗竇永澄守備江萬春黃瓊指揮劉興國等死之
寬奠一路為火將綎自牛毛寨進發遇賊堵截官
兵屢報獲功至馬家寨賊伏發力戰破三陣直抵
奴寨一百二十里賊兵逼山誘戰守備馬進忠單
騎殺入賊陣賊懼收兵屯劉山箐我兵亦困堅壁

相拒會奴中猝張撫順軍旂幟訛言杜将軍戰勝
合兵劉将軍不及擐甲開營而萬兵猛熾二萬合
圍自巳至酉我兵冲破数陣奴以勝兵之鋭當深入
之疲将軍臉被一矢又截一刀畢命劉招孫負尸
手挾刃與賊相格招孫亦被害招孫身瘦短黑精
悍初在南昌武場請上馬試矛纔及鞍而墜幾仆
僵頓之復跳上馬運槊如飛盖偏裨之錚錚者與
主将同死義哉招孫劉氏家丁協力衛主與招孫
同死難者可勝紀乎為将軍後陣者高麗兵萬餘

千戰敗都元帥姜弘立副元帥金景瑞被縛朝鮮王琿云二帥自甘為屠肆之羊苟活于吠堯之犬竟成毳幕之俘因便同虎口之餘肉名雖被刼即同投降小邦二百年來培養忠義一朝汚衊隨籍其家妻孥囚繫夷狄之有君豈自同于諸夏之不若哉麗將金應河者依柳樹踞坐胡床取大弓迭射發必穿楊應弦而倒被一賊從後閃刺猶發射不絕斃乃捨弓鎮江遊擊喬一琦見賊薄營悉衆合圍力竭自縊林叢間衆救解仍投危崖而死精

壯都盡寬奠一路戰沒者宣大副將江萬化寬奠叅將祖天定靉陽守備徐九思南京遊擊姚國輔等從劉將軍死戰者加銜守備劉朝元劉招孫應祥李士王千總劉吉龍馬進忠劉汝吉吳自文王光逵梁汝貴把總劉尚劉思勝王光遠易廷諫劉中二百户胡清總旗田見龍曾朝卿鄉兵千總夏時正李志國等及世襲官兵二千七百名半係南昌點發者從浙江守備周翼明死者中軍周三暘鄧繼千總沈祚明葉文通等皆余所舊轄之軍弁

也其各路隨征陣亡官名不勝書三路陣亡道鎮副恊叅遊都司通判守備中軍千把總等官共三百一十餘員軍兵丁馬四萬五千八百七十餘名馬騾駝二萬八千六百餘匹隻　國朝二百五十年來無此大衂劉将軍挈子吉子佐嗚鉦伐鼓大衆亭亭出江城踰歲而旋里門者僅僅孤嫠數口棲遅旅邸迢遞舟杭魂魄何依形影相吊且将軍邸燕家散萬金而與三千壯士同時酬死兩以餽禮相加遺余俱力辭不受将軍在天之靈可鑒也

御史楊公鶴有戰死堪憐忠魂未慰　題疏具存
廵按御史陳公王庭有寛奠一路戰尅牛毛馬家
董古火胡狸等数寨塘報斬獲三百級夷漢男婦
八十餘名口馬牛百餘匹隻砲銃打賊数千屢據
囲鄉人稱奴第三子并其婿火胡狸皆死勘案具
証禮垣开公詩教有師分四路綎獨勵必死之志
冐不測之險連破数寨幾逼奴巢决命争首有李
陵飲血之勇而忠過之馬革褁尸有伏波據鞍之
志而事兼之綎之烈獨居諸将之先科叅具在吁

将軍得死所矣初將軍赴援抵都人無甚知将軍
者余入計晤大司馬黄公語及備言将軍勇畧可
大受都中要路亦多聞之将軍名倍重是時遼兵
未發将軍在遼無恙也亡何有　旨督兵出勦而
大将雄兵肝腦塗地供狐狸鷹鸇之食以青蝇爲
吊客将軍出兵之日有五星闘于東方杜将軍亦
有風折旗杆之異将軍居平所重者杜将軍耳餘
皆藐之二将亡而遼不可支　國之安危在此一
舉當事者柰何舉　國而輕一擲哉将軍死之日

為已未三月初四年六十八原任左軍都督府添
註僉書左都督別號省吾子在襁褓恤典候部議
覆 請行
王明初曰奴酋之亮古來不經見者也我 國家
馭奴之急且玩亦古來所未有者也兵取之調募
踈于用兵將取之家居緩于用將經臣起諸僨事
大帥録于首禍畧于用人兵不練而驟戰將不調
而互用器未備而相搏怨于謀敵劉將軍所習者
川兵也兵未習而以大將為孤注將必亡兵未發

而先告出師之期明示進攻之路戰必敗師行僅
齎三日糧山險路深兵盡矢絶前有方張之寇後
無續應之兵兵必困藉令川兵至而將軍不死也
撫順兵不潰于渾河清河兵不忍于坐視將軍不
死也將軍死而兵力盡開原鐵嶺勢同拉朽矣自
奴發難將吏總副參遊都備總中軍千總等死于
撫死于清死于開鐵者几五六百員降賊者不啻
百數可謂　中國有人耶或曰奴之子若壻把兎
中軍常都男俱被寛奠兵戳死奴寨日夜悲號不

絶將軍死而奴寨不聞哭聲矣劉將軍當侯夫功令殺奴者不侯予軍弁世襲賚不過萬金今以二十萬兵不能博一官五百萬鏹不能徼萬金之賞也李永芳且揚揚得志矣何朝鮮之急于拒叛中國之甘于縱逆耶奴非能敗 中國自敗也中國欲餌奴奴即因吾餌以逞其愉快緣生者之有罪泯死者之有功沙場夜泣之魂何繇廟食青草河邊之骨奚自得經臣之洒淚哉雖然 聖天子業憫死者書爵書名懺悔祝宜其漠而超世刦矣

劉将軍有知其請命于 天繫逆酋于 闕廷而
登叛賊于醢俎劉招孫等當為厲鬼殺賊以洩清
河撫順開鐵数十萬生靈之憤将軍雖死猶生矣
愚按劉将軍征蠻征倭征播等績得于慱採其在
滇臨洮建南陳師奏捷事未悉也然此亦足以不
朽将軍矣将軍生而入援余餞之死而有勞于
國余哭之時局諱于紀功恐事乆而湮沒無聞故
余併録焉知我罪我聽之矣黎陽王在晉謹述江
西請餉詳文併辭餽書附後

請餉詳文

奴酋跳梁震驚遼左　詔起劉大将軍前行以備
緩急　君命不宿大将乘時策勲㓕此而後朝食
襲偏裂而整戎行磨礪以須寧煩再計乃大将以
家丁為擁衛而家丁以糧糗為先資今殳鋋于鹵
靡不畀陳而火具雲梢悉隨以往長行路費似應
議給而部文未之及也豈以劉世家世将屢徵屢
召身不難押萬里以赴功名家亦可散千金以酬
猛士以義激之而非以利先之乎頃自江省以抵

京都程途較遠而由裨校以及丁卒人数煩繁欲其無擾于民不驚于路當撥之食以防其餓于之費以恤其私該鎮之請餉豈其得已之情而部檄趣行甚亟憂時體 國者義固難于緩視也案查往年劉總兵調征滇蜀官軍馬匹日支糧料先經本司議有則例四十年閏十一月兩次詳允給銀二千兩彼時原係題 准借給今次未奉明文似難專擅但部文許帶家丁而家丁馬匹無非為 國馳驅行路之需勢必藉地方稱貸再查該鎮于三

十六年五月調征雲南請給官兵行糧彼時亦未
奉明文第援先年叅將鄧子龍調征朝鮮事例曾
經按察司議給行糧舊案具存比例詳給該鎮銀
五百八十二兩轉咨兵部作正開銷附領在卷今
本司通查二例在四十年之移兵鎮蜀共計官兵
一千一百一十五員名戰馬七十五匹人馬多而
今則少減矣在三十六年之調征雲南原議經過
湖廣等處地方各另議給道路近而今則直抵
京師矣人數有多寡之殊道路有遠近之異且有

已經奉　旨未經奉　旨之分似應量為酌議借給以資前進橡用開報隨征員役劉招孫應祥劉可春王思舜張志許勝劉崑胡清劉吉龍併見在家丁共七百三十八員名戰馬八十六匹查照往年酌減廪糧馬料規則再照守巡二道酌計四十日程途筭給内中軍官一員日給八分計四十日共給三兩二錢加銜守備官六員每員日給一錢共給二十四兩掌號旗皷旗牌官共六員每員日給五分共給十二兩千總把總哨隊聽用材官武

生共十四員名每員日給四分共給二十二兩四錢椽房書辦四名舍人五名醫官一名甲兵七百一名每名日給三分共給八百五十三兩二錢戰馬八十六匹每匹日給草料三分共給一百三兩二錢以上共計廪糧草料銀一千二十八兩相應借給通查本司庫積分毫俱係額徵額解有欠無餘歲編兵餉止供本省各營支用並無存剩但該鎮統領兵馬起行甚迫不妨從權暫那應用合于本省兵餉銀内借支一千一十八兩封送該鎮照

冊給發官兵收領取領附卷其借支銀兩仍乞移
咨兵部或于本省應觧缺官柴馬内作正開銷或
轉咨户部于歲觧銀内查明某項堪以抵扣補還
司餉其安家銀兩原係該鎮撫養家丁素食其食
非由召募旣急公而養士當慕義以損資本省措
處為難前銀應聽該鎮赴任之日查各鎮事例另
行議請本司未敢擅議伏乞照詳批示轉劄廣濟
庫即刻那發行糧銀兩照數給領立趣赴任以遵
欽限施行

又

劉都督之應　召而趍　王事也擁軍麾而統驍騎官哨兵卒隨之以行火藥戰具挈之以往僕夫在路既極其辛勞而輜重戒途又艱于跋涉盖大将仗劍臨戎必以家丁為羽翼而官軍鼓行長發亦必以糧糈為先資人給行糧本司業查例詳請量行給助矣但每名日給三分計四十日程而止此一兩二錢可當行路入　京之費乎道路遠則足力不勝疲東省荒則米粟必騰貴所為資其驢脚

贍其飲食者不得不體恤之周至而况乎盛暑征
行之病暍病渴也長路奔馳之阻風阻水也亦勢
之所必然而情之可念者乎各兵不憚三千里之
拮据殫力以勤　王家而内顧父母妻子無遑為
仰事俯畜之計何以壯疆場之敵愾而作禦侮之
忠勤則安家銀兩亦萬萬不容已者前以未奉部
文未敢輕議今部文至矣行令于堪用銀内先給
一半以便宜應緊急之用而不煩再計也同是
國家經費尚可那給以助軍興豈其有靳焉第查

本省錢糧有有額而不能徵者未有無額而堪用者通查每年轉觧兵部銀兩惟有缺官柴馬此雖以供　内廷薪爨等費然彼此那用在本部自可通融頃一歲之間報缺官柴馬數不盈千而户部事例向原以充邊餉合無于内酌量動支為官兵安家之費計劉都督啓行挈同見在官兵共七百三十七名以每名五兩累筭共該給銀三千六百八十五兩今照原行每名先給一半該給銀一千八百四十二兩五錢合於四十五年分缺官柴馬

銀內儘数動支一百六十三兩五錢于四十六年
分缺官柴馬內預動支一千兩其不足之数于户
部四十六年分事例銀內動支六百七十九兩共
湊一千八百四十二兩五錢之数差官同劉都督
家丁押赴前往沿途交劄分給取領并回文附卷
一面移咨兵部户部將前動支銀兩作正開銷其
未給一半聽總督衙門補給至于劉都督起行之
後據稱沿途續到共一千一百餘人又恐調集川
兵並至不啻上萬應聽到　京之日赴部查覈安

家行糧一憑兵部補給非本司所敢擅議合候詳
允照數行廣濟庫允給解官同該鎮家丁押赴交
割取領併回文附卷併請移咨户兵二部作正開
銷施行
請部開銷借支并搜括餉銀文
自遼事震鄰　詔起都督劉綎聽用率領家丁赴
京路乏行糧等費本司多方那處於本省額編兵
餉内借支一千一十八兩擬于應解缺官柴馬内
作正開銷或于户部歲解銀内查明扣補續文奉

部文議給安家銀兩本司于四十五年缺官柴馬
内動支一百六十三兩五錢于四十六年分缺官
柴馬内預動支一千兩于户部四十六年分事例
銀内動支六百七十九兩共湊一千八百四十二
兩五錢差官押赴前途交割分給取領在卷江省
雖窮困乎而體　國之急其何愛于髮膚目今軍
興告匱　内帑不出外帑不入金銀之氣充牣于
瓊林而庚癸之呼呌號于邊塞夫孰非　王事而
不為主計大臣一分憂憔則義之所不敢出矣本

司一奉部檄為念藩司統率各屬窮搜郡邑帑藏當先從司帑始今接交盤冊籍一一查搜無礙銀兩可解京以佐軍需者止得銀六千三百三兩二錢零此外皆係正額無可那前以抵後者蓋江省為海內最瘠之鄉頻年接沴官無儲積民無蓋藏以多年之存蓄盡行搜索僅僅六千餘金則江西之窮情形畢露不足以當三軍一日之餐奚裨 國家之緩急乎然溟渤以細流加潤岱嶽以撮壤增高窮省先為各省之倡以明急公之義省直必有聞

風嚮應者積少為多未必其無小補云擬合呈明咨部仍候本司會同各道嚴查各府縣無礙銀兩一併具　題解京協濟其給過劉都督家丁行糧及安家銀兩一併達部准作正項開銷今將應解無礙銀兩另開数目伏乞照詳轉達施行

答劉將軍書三通

遼左驚塵突起當事大臣幾至聞雷失筯虜以我為廣大而示之以吝嗇虜以我為全盛而示之以孱弱虜以我為有非常制馭之策而示之以退縮

邊臣不能善謀而所幸　詔起大將軍能善戰然
則帥帷之長發其　國家安危所繫而有萬里長
城之倚者耶今日之邊事議者以必勦為主盖議
勦而守可言也不議勦而議守不可言也大將軍
率善陣之將久練之兵橫行匈奴中如關內侯靖
朔方驃騎將軍過焉支發車二萬乘以受渾邪之
稽首納欵焉得坐守京師旋生髀肉哉兵士在途
觸暑冒雨艱辛萬狀此莫非王事而令其繭足楞
腹拮据于途內而有父母妻子之顧則安家銀兩

萬不可缺部文至不佞即多方那處人給一半共計銀一千八百四十二兩五錢差官同尊使押賫應用至于沿途續到各兵當俟入都聽部查給大敵當前惟明公為　國鄭重傾耳凱旋懸望真切腆儀附璧諸不贅言

其二

主上宵旰以憂東隅幸大將軍為　國干城社稷式靈臣民恃以無恐不佞輩猶得策蹇長安縱覩帝城宮闕之盛則邉臣枕鈐衽革勞勩居多焉

人臣體　國急公不能椎牛釃酒以饗三軍麾下
捐金養士而割資以惠遠人義之所不敢出也邇
北關警息報聞邊塞情形何似兵四集矣久頃能
安之否餉踵至矣師老可常繼否聚米而談當有
定畫風便幸有以教之

其三

東垂震鄰且剥膚矣舉　朝多雜俎之譚主上持
中堅之念我師不惧法而惧敵遼人不習戰而習
降所至輙爾平城一麾便聞退步且兵無可用而

待集于萬里之招呼餉無可輸而藉資于各省之扣減　國事豈可問哉寧無短豪傑之氣而長酋虜之威也曩有　旨趣大將軍出關大將軍即稱萬人敵其能以一手足而人為鬨乎邊事既棘厲兵秣馬以需不識川兵何時可至傳檄諭蜀父老立赴期會一戰而成淝水之功三矢而奏天山之捷則海內盛覩威武鍾鼎永勒勛庸遐邇跂足望之安危有攸藉焉碩惟為　國匡襄以副簡在路遥不能覼縷原儀隨附便風幸惟叱存不備